Heinrich Laube

Struensee

Heinrich Laube

Struensee

ISBN/EAN: 9783955630010

Auflage: 1

Erscheinungsjahr: 2013

Erscheinungsort: Bremen, Deutschland

@ Leseklassiker in Access Verlag GmbH, Fahrenheitstr. 1, 28359 Bremen.
Alle Rechte beim Verlag und bei den jeweiligen Lizenzgebern.

Leseklassiker

Struensee.

Trauerspiel in fünf Acten.

Von

Heinrich Laube.

Leipzig
Verlagsbuchhandlung von J. J. Weber.
1880

Struensee.

Trauerspiel in fünf Acten.

Personen.

Christian VII., König von Dänemark.
Caroline Mathilde, Königin von Dänemark, dessen Gemahlin.
Gräfin Mathilde von Gallen, deren Ehrendame.
Graf Ranzau.
Graf Struensee.
von Köller, Obrist.
Ove Guldberg, Staatsrath.
Lorenz, Prediger.
Hofstaat, Pagen, Diener, Soldaten.

Ort und Zeit: Die Christiansburg in Kopenhagen, vom 16. zum 17. Januar 1772.

Erster Act.

Das Theater stellt einen röthlichen Marmorsaal vor, welcher mit großer Pracht ausgeschmückt und mit der genauesten Sorgfalt für wohnliche Bequemlichkeiten versehen ist: Fußteppich, Wanduhren, Kronleuchter, lebensgroße Wandbilder, Canapés, Sessel, runde, mit schimmernden Teppichen behangene Tische, worauf Bücher, Karten und ein Schachspiel. An der fünften Coulisse tritt links und rechts ein breiter Pfeiler vor, und diese Pfeiler vereinigen sich in der Höhe zu einem Bogen. Diese durch Pfeiler und Bogen gebildete Oeffnung kann durch einen sichtgrünen mit Goldfranzen und Quasten geschmückten Vorhang geschlossen werden, so daß der vordere Theil des Saales dergestalt in ein Zimmer verwandelt erscheint. Es ist wünschenswerth, daß der Vordertheil des Saales bis an die Pfeiler nicht durch Coulissen, sondern durch eine sogenannte geschlossene Decoration gebildet sei. Dieser vordere Theil des Saales hat zwei Seitenthüren, welche dicht vor den Pfeilern einander gegenüber sind. Die Thüren gehen in stumpfem Winkel hereinwärts nach dem Theater von der Stelle der vierten Coulisse nach der Pfeilerecke, so daß, wenn sie geöffnet sind, der Zuschauer einige Schritte weit in den Raum hinter ihnen sehen kann. Es ist also dazu eine in stumpfem Winkel aufgestellte Coulisse nöthig, damit auch der Raum über den Thüren geschlossen sei. Die Thüren selbst werden ebenfalls durch lichtgrüne mit Gold verzierte und durch eine Schnur aufziehbare Vorhänge gebildet. Hinter dem offenen Bogen zeigt der Saal freien Raum einer Coulissenbreite, welcher um eine Stufe gegen den Saalraum erhöht ist. Hinter diesem Zwischenraume eine Treppe in der ganzen Breite des Theaters, welche etwa fünf niedrige Stufen hoch ist, und auf der höchsten Stufe einen freien Raum von wenigstens drei Schritt Tiefe gewährt. An diesen freien Raum schließt sich die Hinterwand, welche drei breite Bogenfenster enthält. Sie gehen bis auf den freien Raum der Treppenhöhe herab, und das mittlere derselben ist als Glasthür in zwei Flügeln zu öffnen. Hinter den Fenstern ist ebenfalls noch Spielraum von drei Schritt Breite zum Hin- und Hergehn, und nur am linken und rechten Fenster schließt

sich die Aussicht durch ein steinernes Geländer von halber Mannes=
höhe. Durch die mittlere Fensterthür bleibt die Aussicht aber frei,
weil dorthinab die Außentreppe in den inneren Schloßhof zu denken
ist. Zwischenraum und Treppe sind ebenfalls mit Teppichen belegt.

Der grüne Vorhang an den Pfeilern ist so einzurichten, daß
er an einer starken und mit großer Trobbel versehenen Schnur
rasch, und zwar gleichzeitig von beiden Seiten durch diese eine
Schnur geschlossen und wieder geöffnet werden kann.

Erste Scene.

Das Theater bleibt eine Weile leer, und man hört vom Schloßhofe
herauf lang gezogene Jagdhörner-Signale. Nachdem diese in kurzen Pausen
zweimal wiederholt worden sind, erscheint von links*) hinter den Pfeilern
(denn links und rechts hinter den Pfeilern werden offene Gänge vorausgesetzt)
Guldberg (und bald darauf von rechts hinter den Pfeilern) Graf
Ranzau.

Guldberg (nachdem er einen Augenblick unter dem Bogen
stehen geblieben ist und rückwärts nach der Glasthür hinaufgesehen hat,
tritt er an den Tisch, welcher links vom Zuschauer, und so steht, daß die
Seitenthür hinter ihm noch völlig offenen und sichtbaren Eintritt gewähren
kann. Auf diesem Tische ist das Schachspiel. Er stellt es auf, während
das Hörner-Signal sich wiederholt, und)

Graf Ranzau (hinten auftritt, und ebenfalls nach der Glas=
thür hinaufblickt, ehe er Miene macht, einzutreten).

Guldberg (ihn gewahrend und ihm entgegen schreitend). Ah,
der gnädigste Herr Graf also wirklich in Kopenhagen zurück!
Es sei mir gestattet, ihn lebhafter noch als pflichtschuldig
willkommen zu heißen.

Ranzau. Ich danke, Herr Guldberg. Es ist mir
wirklich, als sei ich erstaunlich lange entfernt gewesen, denn
ich finde mich nicht mehr zurecht, so verändert ist Alles.
Was bedeuten diese Hörnerrufe aus dem Schloßhofe?

---

*) Rechts und links durchweg vom Zuschauer aus genommen.

Guldberg. Die Jagd ist bereit für Ihre Majestät die Frau Königin.

Ranzau. Die Frau Königin jagt?

Guldberg. Zu Pferde! Ein prächtiger Anblick auf englischen Rossen, die in Dänemark neumodisch sind. Graf Struensee findet, daß diese Leibesbewegung der Gesundheit und der Gesichtsfarbe zuträglich sei.

Ranzau (eintretend). Und der König?

Guldberg. Seine Majestät der König spielen unterdessen Schach.

Ranzau. Er begleitet sie nicht?

Guldberg. Nein, das thun die jungen Herren vom Hofe und Graf Struensee, da die Frau Oberhofmeisterin nicht reiten kann.

Ranzau. So?

Guldberg (sich verbeugend). Der Herr Graf werden es in der Christiansburg viel heiterer finden, als es ehedem war. Man hat keine Vorurtheile mehr, und alle Pedanterie ist verschwunden.

Ranzau. Pedanterie?

Guldberg. Das ist der neue Ausdruck für das, was man sonst Etikette nannte.

Ranzau. So? — Dahin gehört wol auch die Umwandlung dieses alten Empfangsaales, der jetzt wie ein Gesellschaftszimmer aussieht?

Guldberg. Zu Befehl, Herr Graf! Wir nennen das Reformen. Die hohen Herrschaften, deren Zimmer hier zusammentreffen, sehen sich solcherweise mit Leichtigkeit, und sind in leichterer Verbindung mit der Nation, da die Schloß=treppe unmittelbar hier heraufführt. Graf Struensee sagt, dies sei der Weg zur Popularität. Will man unbeobachtet sein, so schließt man nur den Vorhang, und erreicht damit eine blos repräsentative Trennung.

Ranzau. Ich verstehe diesen Jargon nicht, Guldberg.

Guldberg. Bedaure sehr. Des Herrn Grafen mächtiger Schüler, Graf Struensee, wird ihn Euer Gnaden wol verständlich machen. Jedenfalls ist das Resultat ein allgemeines Wohlbefinden.

Ranzau. Also auch des Königs Zustand hat sich gebessert?

Guldberg. Der Zustand? Der Herr Graf meinen den Kopfschmerz und die Zerstreutheit?

Ranzau. Nun?

Guldberg. Diese Uebelstände sind wol noch vorhanden, aber Seine Majestät spielen mit großer Geistesgegenwart Schach, und Graf Struensee meint, die völlige Heilung werde nicht ausbleiben. (Unterdeß ist Prediger Lorenz von rechts hinten eingetreten.)

Ranzau. Wer ist der Mann?

Guldberg. Habe nicht die Ehre. Das kommt wol vor bei unsrer Popularität. — (Während er dies sagt und auf den Prediger zugeht, kommt Obrist von Köller durch die Glasthür herein. Sie bleibt geöffnet, und wird von Trabanten besetzt; er selbst steigt herab und nähert sich dem Grafen Ranzau unter Verbeugung. Dies geschieht so rasch neben einander, daß er vor diesem steht, als Guldberg hinten zum Prediger tritt.)

Zweite Scene.

Graf Ranzau — v. Köller — Guldberg und Prediger Lorenz (Letzterer im Hintergrunde bleibend).

Ranzau. Sieh da, lieber Vetter! Entschuldigen Sie meine Eile, die mich vorhin nicht aushören ließ, in welcher Weise ich Ihnen nützlich sein könne. Sie wollen zum General befördert sein?

Köller (verbeugt sich bejahend).

Ranzau. Und es bedarf nur einer Empfehlung an Graf Struensee?

Köller (verbeugt sich wiederum bejahend).

Ranzau. Struensee ist also dieser Beförderung nicht abgeneigt?

Köller. Das darf ich wol nicht behaupten. Herr Struensee ist gegen meines Gleichen nicht sehr zuvorkommend; und vom Standpunkte seiner bürgerlichen Vorurtheile hat er mir bis jetzt immer Schwierigkeiten entgegengesetzt, Schwierigkeiten, die ein Wort aus Eurem Munde sogleich beseitigen würde.

Ranzau. Seid da nicht allzu zuversichtlich, Herr von Köller. Graf Struensee thut oder verweigert nicht leicht Etwas ohne triftigen Grund, und was mich anbetrifft, so bin ich durch längere Abwesenheit ohne unmittelbaren Einfluß auf die Geschäfte. Eure Vermögensumstände, lieber Köller, werden wol der Beförderung im Wege stehn: die Generalsstelle fordert Aufwand, und Ihr habt nicht gespart.

Köller. Dergleichen hat Graf Struensee bis jetzt nicht eingewendet, und ich hoffe auch, gerade diesem Uebelstande binnen Kurzem abzuhelfen.

Ranzau. Sieh da! Man darf also wol bald zu einer reichen Partie gratuliren?

Köller. Euch, verehrter Herr Vetter, darf ich wol eine Aussicht mittheilen, die allerdings noch nicht verbrieft ist, die aber auch nur verbrieft werden kann, wenn ich die Generalsstelle erhalte, das heißt, wenn ich Eurer Unterstützung theilhaftig werde.

Ranzau. Darf ich ohne Zudringlichkeit um eine nähere Aufklärung bitten?

Köller. Diese Aufklärung ist mir Euch gegenüber ein Bedürfniß. Ich hege eine lebhafte Neigung für die schönste und einflußreichste Dame des Hofes, und schmeichle mir, deren Hand erringen zu können, wenn ich in Generalsuniform meine Bewerbung vortragen kann.

Ranzau. Darf der Name zwischen uns genannt werden?

Köller. Es ist die Gräfin von Gallen.

Ranzau. Ei, das freut mich! Demnach kehrt sich die Sache um: Ihr brauchtet nicht vermögend zu sein, um

General werden zu können, sondern müßtet General sein, um vermögend zu werden.

Köller. Zu Befehl, Herr Graf. (Während der letzten Worte Ranzaus ist Guldberg mit Lorenz in den Vordergrund gekommen.)

Ranzau (zu Köller). Mein Antheil verbürgt Euch meine Unterstützung. (Köller verbeugt sich, und Ranzau wendet sich zu Guldberg.) Ich hoffe, Graf Struensee erscheint hier zur Morgenaudienz?

Köller. Graf Struensee pflegt Ihre Majestät die Frau Königin auf der Jagd zu begleiten, und deren Erscheinen ist hier jeden Augenblick zu gewärtigen.

Guldberg. Graf Struensee haben auch, weil sie im Augenblicke zu beschäftigt gewesen, diesen deutschen Prediger hierher geschickt, um ihm die erbetene Audienz im Vorbeigehn hier zu ertheilen, der Herr Minister sind also mit Zuversicht hier zu erwarten.

Ranzau (zum Prediger). Das ist wol ein Irrthum! Der Herr Minister empfängt nicht im Saale des Königs.

Lorenz. Ich bin nach dem Marmorsaale beschieden worden.

Guldberg. Es hat seine Richtigkeit: die Zeit ist theuer und wir sind über die Pedanterie hinaus! (Schon bei den Worten „die Zeit ist theuer" treten aus der Thür links paarweis vier Pagen, in kurze Pelzröcke gekleidet, Pelzbarette auf den Köpfen, umgestülpte farbige Lederstiefel mit Sporen an den Füßen, Reitpeitschen in den Händen, und schreiten unverweilt durch den Bogen, die Treppe zur Glasthüre hinauf. Sobald sie aber oben sind und nach dem Schloßhofe hinabsehen können, winken sie hinab, es erhebt sich eine lebhafte Fanfare der Jagdhörner, es erscheinen Pikeure von unten herauf, und sie wie die Pagen stellen sich an den Seiten der offnen Glasthür auf, während die Soldaten auf den Seiten des äußeren Balkons links und rechts zugerückt sind, und nur durch die Fenster gesehen werden. Sobald die Pagen erschienen und die letzten Worte Guldbergs gesprochen sind, ruft:)

Köller. Ihre Majestät die Königin kommen.

Ranzau (halblaut zu Guldberg, während sie sich der geöffneten Thür gegenüber aufstellen). Wo sind die Kammerherren?

Guldberg. Gehören zur Reform, und sind beseitigt.

helft ihnen auf ungewöhnlichem Wege, und sie empören sich gegen Euch wie gegen ihren Feind!

König. Empören?

Königin. Was ist?

Gallen. Weh uns!

Ranzau (einen Schritt zurücktretend). Was giebt's?

Guldberg. Empörung!

Struensee. Ja, Empörung bereitet sich gegen alle die humanen Maßregeln, welche des Königs Regierung in letzter Zeit angeordnet hat.

Königin. Eine Wiederholung des Aufruhrs der Garden?

Guldberg. Des Zugs der Matrosen nach Hirschholm?

Struensee. Noch ist es nicht so weit, noch schleicht der angezettelte Aufruhr zusammenhangslos umher —

König. Wer hat ihn angezettelt?

(Pause.)

Struensee. Befiehlt der König, daß ich das traurige Wort öffentlich ausspreche?

(Pause.)

Königin. Der König befiehlt es! Wer stiftet Aufruhr in Kopenhagen?

Struensee. Der Adel Dänemarks!

Ranzau. Graf Struensee!

Köller. Graf Struensee!

Guldberg. Sagt nicht der Adel Dänemarks, sagt vielmehr: der deutsche Adel!

Struensee. Klingt dies besser?

Guldberg. Ja.

Königin. Diesem Unwesen muß mit Energie ein Ende gemacht werden ein für allemal — habt Ihr alle Vorkehrungen getroffen, Graf Struensee?

Struensee. Sorgt nicht, königliche Frau! Seit ich das Zeughaus und die Christiansburg mit Kanonen bepflanzt habe, ist an eine Wiederholung der Scenen von Hirschholm nicht zu denken, und weil ich weiteres thun will, muß ich mir heut das Glück der Jagdbegleitung versagen. Ich will hinüber in die Stadt, ich will unter sie treten, ich will ihnen vorhalten, was ich für sie gethan, ich will ihnen schildern, wer ihren Sinn und ihr Urtheil verwirre, wer sie zu Undank und Ungebühr verleite!

Gallen. Ihr setzt Euch aus, Graf Struensee!

Königin. Ihr vergebt Eurem Ansehn! Wer unterhandelt, der bekennt sich als schwach oder schuldig! (Die Gräfin Gallen geht nach dem Hintergrunde und winkt mit der Hand nach dem offenen Zimmer des Königs, es erscheint ein Diener, dem sie leise einen Auftrag zu geben scheint, und der sich nach zustimmender Verbeugung nach hinten entfernt.)

Struensee. Ja, ich bin schuldig! Ich habe die Menschen für gut und dankbar gehalten, das Volk für brav —

Guldberg. Das dänische Volk ist brav!

Struensee. Mag sein, aber gedankenlos ist es, so wahr die Sonne scheint! Gelöst hab' ich ihm eine Fessel nach der andern — o komm, Vetter Lorenz, reich mir Deine Hand, daß die Erinnerung an deutsche Treue meinen gebeugten Sinn aufrichte! Nicht wahr, bei uns daheim ist der Undank ein Laster?

Lorenz. Das ist er überall, Friedrich!

Struensee. Erlauben Sie, Majestäten, daß ich Ihnen meinen Jugendlehrer vorstelle.

Ranzau (für sich). Wie unschicklich!

Struensee (ohne sich zu unterbrechen). Den bravsten Mann meiner Heimath, der den Sinn für Gerechtigkeit in mein Herz gepflanzt hat. Seine Ankunft ist mir ein Zeichen meines alten Glücks.

Lorenz (für sich). Weh uns!

Struensee (ohne sich zu unterbrechen). Er wird mir Kunde bringen von meiner Mutter, an deren Leben das meinige geknüpft ist wie das Licht an die Sonne.

Lorenz (für sich). Allmächtiger Gott!

Struensee (ohne sich zu unterbrechen). Und so strömt schon die Berührung seiner Hand neue Kraft mir in Leib und Seele, wie man vom Riesen Antäus erzählt, daß er unbesiegbar gewesen, sobald er nur mit einer Fußspitze den Erdboden berührt habe.

König. Sind wir nicht im Januar?

Guldberg. Es ist heute der 16. Januar.

König. Der Januar ist mir gefährlich: meine Mutter gebar mich im Januar —

Struensee. Aber gnädigster Herr!
Königin. Welch ein Gedanke!
Gallen. Entsetzlich!
Ranzau. Entsetzlich!
Guldberg. Majestät!

König. Und mein Vater starb, Guldberg, wann war's?

Guldberg. Vor sechs Jahren am 14. Januar.

König. Im Januar!*) (Pause.)

Struensee. Der Aberglaube ist ein eigensinnig Spiel des Herzens mit dem Kopfe, gestatten wir dem Spiele nicht allzu große Macht. Nüchtern angesehn ist der Widerstand gegen unsre Regierung von keiner Gefahr, und die Kunst des Regierens gewinnt an Reiz, je mannigfaltiger sich die Opposition entwickelt!

Guldberg. Wie in Polen!

Königin. Das wäre ein traurig Vorbild!

Guldberg. Die neusten Vorfälle in jenem Lande bestätigen nur zu sehr die Ansicht Eurer Majestät.

Königin. Welche Vorfälle, Graf Struensee?

Struensee. Eure Majestät wissen, daß der russische Gesandte unsrer Regierung abgeneigt ist, und da Herrn Guldbergs Mittheilungen wol aus dieser Quelle fließen, so hat er die Kunde voraus.

König. Was ist, Guldberg?

Guldberg. Der König von Polen ist des Abends in der zehnten Stunde vom Kanzler Czartoryski nach seinem Palaste unterwegs gewesen. Die Reiterescorte, welche den

---

*) Vor und nach jeder Rede des Königs durch's ganze Stück hindurch immer eine kurze Pause und große Stille.

Wagen des Königs sonst zu umgeben pflegt, hat diesen
Abend gefehlt, nur ein Adjutant und ein Page sind beim
Könige gewesen, und nur zwei bewaffnete Heiducken und
zwei Pagen mit Fackeln haben hinten auf gestanden. Die
Fackeln haben einem harrenden Haufen Conföderirter zum
Angriffe geleuchtet, den sie am Palais des Bischofs von
Krakau auf den Wagen unternommen haben, und so haben
die gut gezielten Schüsse mörderisch eingeschlagen, der Kut=
scher und die Heiducken sind niedergeworfen, der Page, der
Adjutant, der König selbst sind von den Kugeln getroffen
worden, ja man hat den König aus dem Wagen gerissen,
zwischen zwei Pferde genommen und in vollem Trabe aus
Warschau hinausgeschleppt. Man wußte noch nicht, ob er
des Todes sei, da man bis jetzt nur einen seiner Schuhe,
der im Koth stecken geblieben war, und seinen blutbefleckten
Hut gefunden hatte — so mannigfaltig wird die Opposition
in jenem Lande.

(Pause.)

Königin. Dies ist abscheulich, und deutet auf große
Fehler. Wehe dem Könige, der die Majestät so weit ver=
loren hat! Ein König ohne moralische Macht und ge=
bietenden Muth ist ein machtloser Schatten — zu Pferde,
zu Pferde! Solche Eindrücke lähmen die Seele! (Sie wendet
sich nach hinten, Gräfin Gallen und Struensee folgen ihr, Struensee
spricht leise zu ihr.)

Ranzau. Wollen Eure Majestät nicht auch an die
frische Luft? (Der König macht eine ablehnende Bewegung.)

Guldberg. Gott schütze Dänemark! Seine Könige
haben nichts gemein mit denen von Polen!

Königin (an der Treppe umkehrend und zum Könige eilend).
Vergebung, Majestät, daß ich ohne Abschied und so heftig
scheiden wollte. Wir sind alle überreizt, und Jeder hat
dem Andern zu vergeben. Vergebet mir.

(Der König ergreift ihre Hand und sie sprechen weiter, während Gräfin
Gallen den von ihr ausgebetenen und jetzt zurückkehrenden königlichen Diener,
der ihr jetzt beim Zurückkehren bis in den Vordergrund gefolgt ist, angehört
und schnell verabschiedet hat. Diese Verabschiedung findet in dem Augen=

blicke statt, als die Königin ihre letzten lauten Worte spricht, und Gräfin Gallen, Struensee winkend, welcher beim Zurückkehren zur Rechten der Königin geblieben ist, spricht ihre folgende leise Rede unmittelbar nach dem letzten Worte der Königin, so daß keine Pause entsteht. Sie geht links in den Vordergrund und Struensee folgt ihr dahin.)

Gallen. Wagt Euch nicht in die Stadt hinüber, Graf, meine Erkundigungen lauten, daß die Mißvergnügten es auf Euch gemünzt haben. Aber trefft Anstalten zur Sicherheit, diesem Palaste selbst soll der Volkssturm gelten.

Struensee. Man übertreibt Euch die Dinge, Gräfin Gallen. Brandt sorgt gegen das aufgeregte Kopenhagen, und ein gesammelter Andrang der Aufrührer ist uns fast erwünscht. Sie haben uns in Hirschholm schwach gesehen, und es thut noth, ihnen die Spitze zu bieten. Von Bedrohtsein der Christiansburg kam auch gar nicht die Rede sein, denn unsre besten Truppen halten die wenigen Zugänge besetzt.

Gallen. Struensee, Ihr fühlt Euch zu sicher, Ihr traut sogar Guldberg!

Struensee. Guldberg ist rauh und bitter, aber nicht falsch.

Gallen. Er ist ein Däne gegen Euch, gegen uns alle, die wir aus Deutschland stammen!

Struensee. Das war er stets!

Gallen. Möchte Eure Sorglosigkeit nicht blos aus Eurer Großmuth stammen — und noch Eins! Schützt mich vor Obrist Köller! Ranzaus Rückkehr erhöht seine Zudringlichkeit; die Königin sieht nach Euch —

Königin. Die Jagdlust ist verscheucht, wir wollen daheim bleiben und der Melancholie ihr Recht gewähren!

Struensee. Ich beschwöre Eure Majestät, dies nicht zu thun! Die Bewegung in frischer Luft ist Euch heilsam, und das Maskenfest heut Abend heischt frische Nerven.

Königin. Unter so mißlichen Umständen thäten wir besser, es abzusagen!

Struensee. Das wäre ein Zugeständniß an die

Mißvergnügten, das hieße ihren Hirngespinnsten eine
Lebendigkeit und Wichtigkeit zugestehn. Wenn Eure Maje=
stät in gewohnter Weise durch die Stadt sprengen, und am
vorbereiteten Feste nichts geändert wird, so ist dies der
wirksamste Widerstand, weil es der stolzeste ist.

König. Durch die Stadt sprengen? — Sprach nicht
vorhin Jemand davon, die Stadt sei unruhig —?

Struensee. Gewiß nicht in dem Grade, um die
Würde der Majestät im Geringsten zu verletzen.

Königin. Wohlan denn! Struensee hat Recht. Wer
weicht, bekennt sich schwach. Es werde nichts geändert in
der Tagesordnung. Gott schütze Eure Majestät. (Sie reicht
dem Könige die Hand, und dieser geleitet sie bis zur Treppe, Struensee
führt die Gräfin Gallen, Köller, Ranzau, Guldberg, Lorenz folgen bis an
die Pfeiler. Abschiedsverbeugungen an der Treppe. Als die Königin
oben erscheint, wiederholt sich die Fanfare der Jagdhörner, die Pagen gehen
voraus ab, die Soldaten an den Fenstern präsentiren das Gewehr, und
man hört die Trommeln wirbeln. Sobald die Königin verschwunden ist,
wendet sich der König, und verabschiedet mit einer Handbewegung die Hof=
leute; diese entfernen sich links und rechts, als der König wieder durch
den Bogen eintritt. Während der König links nach dem Tische schreitet,
auf welchem das Schachbrett, und Guldberg hinzueilt, den Sessel zu
rücken, Struensee aber, dem im Hintergrunde verbleibenden Lorenz winkend,
sich anschickt, dem Könige die Abschiedsverbeugung zu machen, sagt wie
alles Folgende halblaut zu ihm)

Graf Ranzau. Auf ein Wort, Graf Struensee.

Struensee (halblaut wie alles Folgende, ausgenommen das, was
der König und Guldberg sprechen). Ist es dringend, Herr Graf?
Mich rufen die bedrohlichen Nachrichten —

Ranzau. Es ist dringend.

Struensee. Dann übernehmt Ihr wol, Obrist von
Köller, eine genaue Recognoscirung durch die Straßen,
welche die Königin passirt.

Köller. Zu Eurem Dienst, Excellenz. (Er blickt fragend
auf Ranzau, dieser nickt leicht mit dem Haupte und Köller geht ab durch
die Glasthür.)

Struensee. Ich bin sogleich zu Euren Diensten,
Herr Graf! (Er geht zu Lorenz.) Erwarte mich, lieber Vetter,
in meiner Wohnung. Ich sehne mich, Deine Nachrichten

aus der Heimath anzuhören, und ich komme, sobald ich einen Augenblick frei bin.
(Lorenz rechts hinten ab.)

Fünfte Scene.

Der König (Schach spielend mit) Guldberg — Ranzau — Struensee.

Struensee (fortwährend Alles halblaut). Wenn's Euch also genehm ist, Herr Graf, beurlauben wir uns bei Seiner Majestät.

Ranzau. Ich habe den König noch nicht gesprochen, und was ich Euch zu sagen habe, kann hier erledigt werden. (Er geht in den Vordergrund rechts.)

Struensee (ihm folgend). Ich bin ganz Ohr.

Ranzau. Ihr steht am Abgrunde, Struensee.

Struensee. Neben Euch, Herr Graf?

Ranzau. Wohl, ich will diese leichtsinnige Wendung ernsthaft nehmen, ich will neben Euch stehen, wenn Ihr auf mich hören wollt.

Struensee. Ich höre.

Ranzau. Struensee! Als ich Kopenhagen verließ, war das Reich in hoffnungsvoller Einigkeit, und es war ein Streben fortschreitender Verbesserung im Gange, dem Jedermann mit Vertrauen entgegen kam —

Struensee. Weil Jedermann einen Fortschritt, eine Beförderung für seine Person dabei erwartete!

Ranzau. Man segnete mich, daß ich dem Leibarzte des Königs, einem ungewöhnlich begabten Manne, die Hand geboten, daß ich Struensee zum ersten Minister empfohlen hatte — seit gestern Abend bin ich zurück, und aus allen Ständen bereits haben mich die Unzufriedenen bestürmt mit Klagen und Vorwürfen.

Struensee. Giebt es eine Regierung, die nicht von Unzufriedenen und Klagenden bestürmt würde?

Ranzau. Nein, es Allen recht zu machen, ist über menschliches Vermögen.

Struensee. Gelingt es doch dem Schöpfer der Welt nicht, es Allen recht zu machen: der Eine will Sonnenschein, wenn der Andre Regen will, und der Tag bringt weder Sonnenschein noch Regen und der Eine wie der Andre ist unzufrieden.

Ranzau. Ihr habt aber das Unglaubliche bewerkstelligt, Struensee, Ihr habt es Keinem recht gemacht, und Jedermann ist mit Eurer Regierung unzufrieden, Ihr habt gar keine Partei, Ihr steht allein.

Struensee.. Kann ein aufgeklärter Staatsmann mir zum Vorwurf sagen, ich habe keine Partei? Ist eine Partei vereinbar mit unparteiischer Gerechtigkeit? Nein, ich habe keine Partei, denn ich will gerecht sein ohne Ansehn des Standes und der Person.

Ranzau. Lieber Freund, das ist ein idealischer Standpunkt für den Schriftsteller; Ihr seid aber nicht mehr Schriftsteller, Ihr bedürft der Zustimmung des Landes, wenn Ihr wirken, wenn Ihr bestehen wollt. Ist es tugendhaft, daß Ihr Alles, was Ihr besitzt, den Armen gebt?

Struensee. Ja.

Ranzau. Nein. Ihr macht Euch dann selbst arm und vernichtet Euch. Wer da wirken will in der Welt, muß zuerst sein eignes Bestehen sichern. Höret auf mich, Struensee, noch ist es vielleicht Zeit. Ihr habt den Adel zurückgesetzt, und den Bürgerstand gegen ihn begünstigt. Ich finde es ehrenwerth, daß Ihr Eures Herkommens eingedenk geblieben seid, aber ich warne Euch vor Uebertreibung! Ihr seht jetzt, daß dieser Bürgerstand Euch mit Undank lohnt, und daß er sich gegen Euch zusammenrottet —

Struensee. Weil ich ihm schlechte Gewohnheiten verbieten mußte, um ihn für Höheres würdig zu machen!

Ranzau. Wohl, ich will Eure Absicht nicht tadeln,

Erster Act, fünfte Scene.

aber ich will Eure Handlungsweise mildern. Ihr mochtet Recht haben, strengere Zucht unter den Matrosen einzuführen, aber Ihr thatet es zu harsch, und der Aufstand, welcher nach Hirschholm kam, war die Folge davon. Ihr mochtet Recht haben, Aenderungen im Militair vorzunehmen, aber Ihr ändertet zu rücksichtslos, und der Soldatenaufstand in Kopenhagen war die Folge davon. Jeder Aufstand ist ein Zeugniß, daß die Regierung Fehler begangen hat, wenn auch der Aufstand gegen die beste Absicht der Regierung gerichtet ist und wenn er auch ein zweifelloses Unrecht bleibt. Die Kunst der Regierung ist die Kunst zu handeln. In Eurem jetzigen Gange macht Ihr Euch diese Kunst unmöglich. Die gebornen Vertheidiger des Bestehenden, den Adel, habt Ihr dem Königshause entfremdet, habt Ihr beleidigt, der Adel verläßt Euch, wenn der Sturm losbricht. Mit der Versöhnung des Adels also müßt Ihr anfangen, wenn Ihr den verlorenen Halt wiedergewinnen wollt, und ich beschwöre Euch, meinen Rath dafür anzunehmen und zu befolgen.

Struensee. Und was rathet Ihr?

Ranzau. Ich muthe Euch nicht auffallende Schritte zu; mit kleinen, unscheinbaren Zugeständnissen mögt Ihr einlenken — die beleidigende Zurücksetzung gegen die Königin Witwe und deren Sohn auf Fredensburg müsset Ihr einstellen!

Struensee. Und doch hält sie in ihrem Schlosse Fredensburg das Heerlager meiner Feinde.

Ranzau. Gebt Ihr der Dame nicht Veranlassung genug? War es anständig, ich kann nicht blos sagen war es klug, die Königin Witwe und deren Sohn aus der Theaterloge zu verweisen und den leichtsinnigen Grafen Brandt hineinzuführen zum Spott des königlichen Hauses? O, Struensee, mit Höflichkeit unpolitisch handeln, das ist ein verzeihlicher Fehler! Aber mit Unhöflichkeit unpolitisch handeln, das ist unverzeihlich!

Struensee (lachend). Darin mögt Ihr Recht haben. — Brandt hat die Schuld daran.

Ranzau. Und Brandt ist Euer böser Genius! — Ihr habt ferner den Staatsrath aufgehoben, und die Edelsten des Landes, Männer wie Thott, Moltke, Reventlow, Rosencrantz mit einer verächtlichen Handbewegung vom Throne entfernt!

Struensee. Weil sie mit aristokratischen Interessen den Thron beschränken wollten!

Ranzau. Wollt Ihr denn Despotismus? Oder ist es weniger Despotismus, weil Ihr ihn mit bürgerlichen Ideen auspolstert? Aber wir sprechen nicht von wissenschaftlicher Politik, wir sprechen von persönlichen Zugeständnissen. Diese Edelleute müßt Ihr wieder ins Schloß ziehen!

Struensee. Das könnte ich nur, wenn ich sie wieder mächtig machte, und das darf ich nicht.

Ranzau. Warum dürft Ihr nicht?

Struensee. Weil meine Grundsätze es verbieten.

Ranzau. Als ob Grundsätze die Höflichkeit ausschlössen! Ich verlange ja nicht, daß Ihr den Staatsrath wieder errichten sollt!

Struensee. Ohne diese Wiedererrichtung kommen jene Herren nicht in die Christiansburg.

Ranzau. Nicht doch! Jeder Mißvergnügte greift nach einem Strohhalme, der wie Hoffnung aussieht. Zeigt an unbedeutender Beförderung zweier oder dreier Edelleute, daß Ihr Eurem Vorurtheile gegen den Adel entsagen wollt, und alle die mißvergnügten Edelleute hoffen wieder und nähern sich. Da ist gleich eine unverfängliche Gelegenheit: mein Vetter Obrist von Köller hat mich um Fürsprache bei Euch gebeten. Er will zum General befördert sein.

Struensee. Er hat kein Talent zum Generale.

Ranzau. Warum nicht?

Struensee. Er ist ohne Kenntnisse und er ist roh; Köller hat alle schreienden Adelsfehler und nicht einen Adelsvorzug.

Ranzau. So? Ist er nicht tapfer?

Struensee. Die Gemeinen der aufgelöſ'ten däniſchen Garde waren alle tapfer und deshalb doch nicht von Adel. Nein, Herr Graf, mit Köller kann ich nicht beginnen. Obenein fehlen ihm auch die Geldmittel zu einer Generals=ſtelle. Ihr wißt, daß ich die Beſoldungen herabgeſetzt habe, und doch macht eine Generalsſtelle in Kopenhagen Aufwand nöthig.

Ranzau. Demnach begünſtigt Ihr die Reichen —

Struensee. Der Himmel bewahre mich! Ich würde gern eine Geldzulage für dieſe Stelle bewilligen, wenn ein verdienſtvoller unbemittelter Mann damit zu bekleiden wäre, aber Obriſt von Köller hat weder durch Vermögen noch durch Verdienſt Anſpruch darauf.

Ranzau. Wenn er nun aber zu Vermögen käme, und zwar durch die Stelle ſelbſt zu Vermögen käme?

Struensee. Wie das?

Ranzau. Wenn er eine reiche Frau dadurch gewänne?

Struensee. Ah, Gräfin Gallen —?

Ranzau. Zum Beiſpiele.

Struensee. Sie liebt ihn nicht.

Ranzau. Wißt Ihr das ſo genau?

Struensee. Ja.

Ranzau. Ei! Darüber ſind ſonſt nur Liebhaber genau unterrichtet, und ich wüßte nicht, daß man Euch dieſe Liebſchaft nachſagte —

Struensee. Sondern?

Ranzau. Sondern?! Beſteht Ihr darauf, daß man Euch eine andere nachſage?! Zum Hofmanne ſeid Ihr verdorben, Struenſee. Laſſen wir das. Wenn Gräfin Gallen von Köller heirathet, wird Oberſt Köller dann General?

Struensee (laut). Nein.

Ranzau. Struenſee!

Struensee (laut). Sie heirathet ihn nicht, und er wird nicht General!

(Der König ſieht auf.)

Ranzau. Mäßigt Euch, Ihr stört den König.

König. Struensee!

Struensee (zum Könige gehend). Eure Majestät wollen verzeihen, die Verhandlung über Staatsgeschäfte hat uns erhitzt.

König (sieht ihm eine Weile starr ins Gesicht, wendet sich dann wieder zum Schachspiele, zieht eine Figur und sagt): Gardez la reine!

Guldberg. Richtig! Das führt aber sehr weit, und bringt: Schach dem Könige!

König. Oho!

Struensee (sich wieder zu Ranzau wendend und halblaut sprechend). Entschuldiget, Herr Graf, wenn ich mir die weitere Unterredung vorbehalte.

Ranzau. Und Ihr beharrt auf Verweigerung meines Gesuchs?

Struensee. Ich würde mich sehr freuen, wenn Graf Ranzau etwas Anderes von mir verlangte.

Ranzau (etwas lauter). Ich bestehe auf meinem Gesuche für Obrist Köller.

Struensee (ebenso). Ich bestehe auf meiner Weigerung.

Ranzau. Ihr stoßt die Hand von Euch, die Euch vielleicht zum letzten Male geboten wird?

Struensee (noch lauter). Es ist nicht die Hand meines würdigen Gönners Ranzau, die um Lohn für einen verdienstlosen Vetter, die um Nepotismus mir entgegengestreckt wird —

König (hat wieder aufgesehen).

Guldberg. Graf Struensee stört Seine Majestät den König!

(Man hört starken Trommelwirbel.)

Sechste Scene.

Obrist Köller (erscheint oben durch die Glasthür) — die Vorigen — später die Pagen.

Struensee. Was bedeutet der Trommelwirbel, Obrist von Köller?

Köller (aufgeregt). Die Truppen des Schlosses werden unter's Gewehr gerufen, weil Ihre Majestät die Königin beleidigt worden und in vollem Rosseslaufe vor aufrührerischen Volkshaufen in den Schloßhof geflüchtet ist.

König (haftig aufstehend).

Struensee. Die Königin?
Ranzau. Beleidigt?
Guldberg. Geflüchtet?

König. Die Königin beleidigt? Wehe dem, der's that!
Guldberg. Und dem, der es veranlaßte!
Struensee. Sie ist unverletzt?
Guldberg. Nein, ihr Ansehn ist verletzt.
Struensee. Zu ihr! Und das fliegende Corps soll zu Pferde steigen, Obrist, die Frevler zu greifen. (Will gehen.)

König. Halt da! Erzählt, Obrist!

Köller. Als Ihre Majestät vor uns durch die Straßen ritt, zeigten sich schon überall trotzige Gruppen der Kopenhagener, die träg und widerwillig oder gar nicht grüßten. An der Zollbude draußen aber lärmte der zahlreichste Haufe, und als Ihre Majestät an der abschüssigen Stelle, die auf den gefrornen Sund hinabführt, ihr Pferd in Schritt setzte, trat ein verwegener Kerl aus dem Haufen, griff in die Zügel, und rief Ihrer Majestät achtungslos eine Rede zu, die wir im Gefolge nicht verstehen konnten, da die Königin uns ein wenig vorgeeilt war. Aber das zustimmende Geschrei des Haufens ließ uns keinen Zweifel über die Bedeutung der Worte, es waren Schmähworte gegen die Königin und —

Struensee. Und Ihr rittet die Frevler mit Euren Rossen zu Boden?!

König. Still! — Und —?

Köller. Und Schmähworte gegen Graf Struensee, den „Doctorgrafen", wie der Haufe ihn nannte. Ehe wir noch einspringen konnten, hatte die Königin mit ihrer Reitgerte auf den verwegenen Kerl geschlagen, die Zügel befreit und das Pferd gewendet, sie war zornesroth, und ihr rasches Umkehren und Zurücksprengen verhinderte uns, den Aufrührern eine Lection zu geben. Das Roß der Königin setzte mitten unter uns hinein, und verwirrte das Gefolge, sogar die Falkeniere kamen dergestalt ins Gedränge, daß mehrere die Falken fahren ließen, und über Kopenhagen kreisen jetzt ziellos die Jagdvögel. In vollem Galopp und in Unordnung sprengte Alles nach der Christiansburg zurück.

König. Und die Königin?

Struensee. Die Königin?

Köller. Sie war todtenbleich geworden, und sank unten im Hofe ohnmächtig der Gräfin Gallen in die Arme! (Die Pagen erscheinen — Struensee, der bei den letzten Worten bis an den Bogen geeilt ist, bleibt stehn, und als die Königin gestützt auf die Gräfin Gallen oben erscheint, ruft)

Struensee. Die Königin kommt! Sie lebt!
(Allgemeine Stille.)

König (einige Schritte ihr entgegeneilend und sie mit der Hand grüßend, bleibt stehn und sagt) Sie lebt trotz Struensee! — Struensee hat zu verantworten, was ihr begegnet ist.

(Vorhang fällt.)

(Das Orchester spielt nur einige Takte in langen, starken Strichen, und der Vorhang erhebt sich wieder.)

Zweiter Act.

Dieselbe Decoration; der Vorhang zwischen den Pfeilern ist aber geschlossen.

Erste Scene.

König — Königin — Gallen — Struensee — Ranzau — Köller — Guldberg.

(Der König ist im Begriff die Königin in deren Gemächer links zu führen. Sie ist noch im Reitcostüm, da dieser Act sich in der Zeit fast unmittelbar an den ersten schließt.)

Struensee (zur Königin, mit Wärme). Wenn Eure Majestät mich hören wollten, Sie würden mir vergeben. Es giebt nichts Schmerzlicheres, ja Demüthigenderes für Struensee, als die Ungnade seiner Königin.

Königin. Wir haben noch nie einem Angeklagten Gehör verweigert. (Sie geht ab mit dem Könige, nachdem sie ihm eine einladende Bewegung gemacht hat, die darauf zu deuten scheint, daß er ihr folgen könne. Struensee faßt es so auf, verbeugt sich dankend, und bietet der Gräfin Gallen seine Hand, um sie dem königlichen Paare nachzuführen.)

Gallen (ergreift seine Hand lebhaft, und führt ihn einige Schritte abwärts von der Thür. Alles Folgende wird sehr rasch gesprochen). Ich beschwöre Euch, Graf Struensee, verliert nicht noch länger die wichtigste Zeit. Trefft Anstalten gegen den Aufruhr, ehe es zu spät ist. Die Verzeihung der Königin bleibt Euch ja nicht aus, und ist Euch um so sicherer, je rascher Ihr Kopenhagen in Ruhe und Ordnung bringt.

Struensee. Zögert nicht, Gräfin! Je rascher mich die Königin frei spricht, desto rascher —

Gallen. Ich werde unterdeß für Euch sprechen, eilt nur, das Dringendste zu thun!

Struensee. Brandt sorgt für Kopenhagen! Und ich fürchte es nicht. Es giebt nichts Dringenderes für mich als die Verzeihung der Königin!

Gallen. Wahrhaftig?!

Struensee. Ich kann nichts denken und nichts thun, bevor sie mir vergeben hat.

Gallen (ihn eine Weile schweigsam anblickend). Weh uns, wenn Eure Feinde Recht haben! (Sie geht eilig mit ihm dem königlichen Paare nach.)

Zweite Scene.

Ranzau — Köller — Guldberg.

Guldberg (ihm nachsehend). Und nun sage man noch, es fehle dem Grafen die nöthige Herzhaftigkeit! Er kann schwärmen, während der Thron in Gefahr ist. Das ist doch ein ächter deutscher Landsmann, Herr Graf!

Ranzau. Die Königin Witwe scheint Recht zu haben mit ihrer leisen Anklage.

Köller. Er liebt die Königin!

Guldberg. St! Herr von Köller, wenn das der König hörte!

Köller. Er hört es nicht, auch wenn man's vor ihm ausspricht.

Guldberg. Ihr seid im Irrthum! Die traurige Krankheit unsers königlichen Herrn ist nicht zu berechnen. Zuweilen ist sein Kopfschmerz so anhaltend und betäubend, daß Stunden lang Alles spurlos über ihn hinzieht, und daß er nichts vernimmt als zusammenhangslose Worte. Aber kein Mensch kann vorhersagen, wie stark oder wie lange der

Druck auf sein Haupt und auf die Verständnißkräfte dauern werde, plötzlich und unversehens hebt sich die schwere Wolke von seinem Hirn, plötzlich und unversehens versteht er Alles, selbst die feinste Beziehung, und er ist dann auf einmal der klar bestimmende Herr mitten unter uns. Denn sein Geist ist nicht gestört, sondern nur gebannt. Sein Geist scheint im Gegentheile unter der erzwungenen Ruhe all seine Kräfte eng zusammenzuhalten, denn in den Augenblicken der Freiheit ist er mächtig und königlich. Und Eins, meine Herren, ist besonders wunderbar, und ich mache Euch Eurer (zu Köller) Aeußerung wegen darauf aufmerksam: Zwei Namen sind's, die stets befreiend auf ihn wirken, es sind die Namen der Königin Mathilde und — Struensees. Was Ihr in Gegenwart des Königs von diesen zwei Personen sagt, das erwäget wohl, denn das müßt Ihr vor dem Könige gründlich verantworten.

Köller. Nun, ich habe nichts zu sagen, wenn mich Struensee zum General macht.

Ranzau. Das thut er nicht.

Köller. Wie?

Ranzau. Er hat mir's dergestalt abgeschlagen, daß Ihr hoffnungslos darauf verzichten mögt, so lange Struensee am Ruder ist —

Köller. Struensee?!

Guldberg. Das kann ein langer Verzicht sein, denn Struensee ist 35 Jahre alt!

Köller. Der Emporkömmling!

Ranzau (zu Guldberg). Und Ihr meint, er sei auf Lebenszeit am Ruder?

Guldberg. Er war und ist Leibarzt des Königs. Kann er den König heilen, so hält ihn die Dankbarkeit des Königs, kann er ihn nicht heilen, so bleibt er als Arzt des Königs unentbehrlich.

Ranzau. Guldberg! Ihr seid ein kluger Mann, und Ihr seid unzufrieden wie wir, unzufriedener als wir mit dem Treiben Struensees —

Guldberg. Ich wüßte nicht, daß ich dies jemals geäußert hätte!

Ranzau. Ihr werdet uns die Hand bieten, wenn es gilt, Hand ans Werk zu legen.

Köller. Der freche Doctor muß gestürzt werden!

Guldberg. Er brauchte aber nicht gestürzt zu werden, wenn er Euch zum General machte! Und kann er nicht morgen thun, was er heute verweigert hat?

Ranzau. Seid unbesorgt, das thut er nicht, er ist principientoll, und Obrist von Köller findet seinen Generalsstab sicherer, wenn er sein Regiment für uns commandirt.

Köller. Das werb' ich.

Ranzau. Zögert nicht, Guldberg! Der entscheidende Augenblick naht mit reißender Schnelle. Der Aufruhr schreitet unaufgehalten, in der nächsten Minute kann er an die Pforten dieses Schlosses donnern. Diese Pforten sind bewacht durch Köllers Regiment, und Struensee, offenbar von einer heftigen Leidenschaft geblendet, versäumt jegliche Vorkehrung, es gilt rasches Handeln, und ehe die Sonne untergeht, kann Alles vollbracht sein. Wenn der König die Unmacht Struensees gegen den Aufruhr erkennt, wenn er von uns und von Euch besonders hört, daß der Aufruhr nur Struensee gelte, wenn er sieht, daß wir den Aufruhr bannen, sobald der König die Macht in unsre Hände lege — dann, Guldberg, ist Struensee gestürzt! Schlagt ein!

Guldberg. Dann wird Struensee vielleicht gestürzt, denn ein Auflauf in Kopenhagen ist noch weit entfernt von einem Sturme auf die Christiansburg, und diese ist viel besser geschützt als Ihr glaubt — das Zeughaus ist mit Kanonen und Kartätschen gespickt, und der Commandant des Zeughauses gehorcht i h m, das fliegende Corps ferner gehorcht i h m, und während er hier sorglos den Regungen seines Herzens nachgeht, hält sein Busenfreund Graf Brandt sicherlich alle Vertheidigungsmittel in Bereitschaft —

Köller. Keineswegs, Graf Brandt ist auf die Hetz=
jagd geritten und kehrt vor Abend nicht heim!

Guldberg. Wißt Ihr das so gewiß? Wer in Kopen=
hagen steht ein für den durchtriebenen, furchtbar beweglichen
Grafen Brandt, den rechten Arm Struensees! Er züchtet
die verhaßten englischen Pferde, können seine schnellen Reiter
ihn nicht längst unterrichtet und zu fliegender Rückkehr
bewogen haben? Das weiß Struensee vortrefflich, und
deshalb kümmert er sich nicht um Straßenlärm. Wenn
Eure Absichten, hochgeborne Herren, verlautbaren, so könnt
Ihr trotz Aufruhr und Köllers Regiment gefangen und des
Hochverrathes angeklagt sein, noch eh' die Sonne untergeht.

(Pause; Guldberg entfernt sich einige Schritte zur Seite.)

Ranzau. Guldberg! Euer Widerstand zwingt mich,
das auszusprechen, was ich am liebsten unberührt gelassen
hätte zwischen uns: Ihr haßt die Deutschen!

Guldberg. Wer sagt Euch das?!

Ranzau. Ihr zögert, den deutschen Struensee zu stürzen
für andere Deutsche. Ich verarge Euch dies keinesweges,
aber ich mache Euch aufmerksam, daß Ihr in solchem unter=
schiedslosen Hasse gegen die Deutschen Euer Ziel, nämlich
eine rein dänische Regierung, nicht erreichen könnt. Alle
kundigen Staatsmänner Dänemarks sind seit langer Zeit
und sind jetzt Deutsche: Wenn Ihr die Bernstorff, Moltke,
Reventlow, Schimmelmann, Holck von dänischer Regierung
ausschließt, was wird aus Dänemark?! Begnügt Euch
zunächst mit unserm guten Willen, das Dänische zu Ehren
und zu innrer Bedeutung zu bringen. Ich für mein Theil
mißbillige Struensees deutsche Neuerungen, ich mißbillige es,
daß alle Regierungsschriften deutsch abgefaßt werden, daß
der Däne sich in deutscher Sprache an seinen König wenden
muß. Denn dies erbittert. Die Sprache einer Nation
angreifen heißt ihr Herz angreifen, und ich für mein Theil
würde dies ändern.

Guldberg. Ich danke Euch, ich danke Euch sehr,
Herr Graf, für diese gute Absicht. Aber —

Köller. Noch ein Aber!

Gulbberg. Oh, mehr als eins! Herr Graf, so wie Ihr da den Dänen Hilfe versprecht, so habt Ihr einst Struensee Hilfe versprochen und geleistet bis — er Euch plötzlich nicht mehr gefiel.

Ranzau. Bis er seinen Ursprung verläugnete. Er macht den Schulmeister zum Herrscher, er schadet. Soll ich mein Roß nicht wieder einfangen, wenn ich sehe, daß es keine Schranke achtet und wild zerstört?

Gulbberg. Euer Roß?! Graf Ranzau, Ihr seid fremd geworden in der Christiansburg, Ihr schätzt Struensees Macht viel zu gering. Wer ist hier neben uns nach dem Könige die wichtigste Person? Die Königin. Wer ist's nach der Königin an diesem zusammengeschmolzenen Hofe? Die Gräfin Gallen —

Köller. Das ist richtig.

Gulbberg. Nun fragt jede einzeln um Struensee. Die Gräfin Gallen — liebt ihn.

Köller. Ach, Possen!

Gulbberg. Sie wartet auf seine Hand, und wenn Struensee ihr seine Hand reicht, so ist er familienhaft fest gewurzelt an diesem Throne.

Köller. Warum nicht gar!

Gulbberg. Die Königin ferner —

Ranzau. Nun?

Gulbberg. Ich weiß nicht, ob es respectwidrig ist, zu sagen, daß — die Königin leichtlich wie ihre erste Hofdame empfinden könnte —

Ranzau. Wahrhaftig?!

Gulbberg. Ich sage es deshalb nicht, aber ich versichre Euch, sie würde Struensee bis auf's Aeußerste vertheidigen.

Ranzau. Und was würde der König zu solcher Vertheidigung sagen?

Gulbberg. Ganz recht, Herr Graf, es liegen hier Elemente zu einem Kampfe und einer Katastrophe, aber —

Zweiter Act, zweite Scene.

Ranzau. Nun?

Köller. Ein Pistolenschuß endigt alle diese Aber.

Guldberg (zu Köller). Dies ist ganz logisch —

Ranzau. Nun, Guldberg, Euer letztes Aber —

Guldberg. Dies ist schwer zu entwickeln. Es ist ein Naturgeheimniß. Ich beobachte es täglich, aber enträthseln kann ich's nicht. Struensee mit seinem unerträglich hochmüthigen Lächeln nennt es Naturzauber. So viel ist gewiß: er übt eine körperliche Zaubermacht aus über den König, des Königs Wesen verwandelt sich, sobald Struensee zu ihm tritt. Deshalb, meine Herren, wenn Euch Alles gelungen ist zu Struensees Verderben, wenn Alles bereit ist bis zum Todesstreiche, so tritt dieser deutsche Doctor zum Könige, und all Eure Vorbereitungen sind nichtig, und Ihr selbst seid verloren. —

(Pause.)

Und deshalb warn' ich Euch, statt zu Euch zu treten!

Ranzau. Still, die Thür öffnet sich, der König kommt zurück — Better, geht und versichert Euch Eurer Truppen und der Nachrichten über Brandt. Guldberg ist zaghaft geworden —

Guldberg. Meint Ihr?

Ranzau (ohne sich zu unterbrechen). Und versäumt den Augenblick. Die schwärmerische Neigung Struensees zur Königin ist der Feuerbrand, dessen wir bedürfen, um ein mit Pulver angefülltes Günstlings-Haus in die Luft zu sprengen! Ich kenne den König. Er liebt Caroline Mathilde; er hat ein königliches Herz; eine Untreue der Königin würde er verstehen und strafen, lägen noch so schwere Gewitter auf seinem Haupte, ja säße der Tod auf seiner Zunge — mit einer Handbewegung würde er den frechen Günstling ins Verderben schleudern!

Guldberg. Still, der König!« (Sie wenden sich und verbeugen sich vor dem Könige.)

Dritte Scene.

Der König — Struensee — Gräfin Gallen (die indeß nur jetzt und bald darauf wieder an der offenbleibenden Thür der Königin erscheint) **— die Vorigen.**

König (geht über die Mitte der Bühne, als wolle er gar keine Kenntniß von den Anwesenden nehmen und geraden Wegs nach seinen Gemächern schreiten. Dann hält er plötzlich inne, und streicht mit der Hand über seine Stirn). Deine Hand, Struensee! So. Beruhigt die Königin Mathilde, Struensee, es erhöht meine Schmerzen, wenn sie in Sorgen ist. Und sie ist in Sorgen, Ihr habt sie nicht überzeugt, Struensee. (Er kommt einige Schritte vor.) Meine Stiefmutter Königin Juliane sei schuld an Allem! Graf Ranzau! Wir haben ja sonst zusammen regiert, habt Ihr was Interessantes zu erzählen?

Ranzau. Königliche Majestät —

König. Der Adel thut seit einiger Zeit gar wenig für uns; auch für die Unterhaltung der Königin thut er nichts. Man soll den Maskenball heut Abend in größtem Glanze feiern — Euch will ich anhören, Graf Ranzau, Ihr seid fremd geworden in Kopenhagen, Guldberg wird's Euch beweisen. (Er macht eine einladende Bewegung mit der Hand, und geht rechts nach seinen Gemächern; Ranzau und Guldberg folgen ihm. Struensee geleitet den König bis an die Thür, und verbeugt sich dort vor ihm; Köller folgt ebenfalls bis in die Nähe der Thür und verbeugt sich. Struensees Augenmerk ist indessen die Thür der Königin, in welcher die Gräfin Gallen zu sehn gewesen ist, und als er nun, ohne sich um Köller zu kümmern, an ihm vorüber auf diese Thür zuschreitet, ruft dieser:)

Vierte Scene.

Köller — Struensee.

Köller. Graf Struensee!

Struensee (anfangs zerstreut). Was beliebt?

Köller. Ihr versagt mir die Beförderung?

Struensee. Ja.

Köller. Warum?

Struensee. Ich frage zurück: was berechtigt Euch zum Anspruch auf Beförderung?

Köller. Meine Geburt und mein Stand.

Struensee. Seid Ihr zum General geboren?

Köller. Ja, mein Herr!

Struensee Nun, dann braucht Ihr mich nicht dazu, General zu werden.

Köller. Ihr sollt bald erfahren, daß Ihr damit vollkommen Recht habt.

Struensee (aufmerksam). So?

Köller. Entschließt Euch auf der Stelle, mir gerecht zu werden!

Struensee. Ich bin gerecht gegen Euch!

Köller. Nun denn, Auge um Auge, Zahn um Zahn, Herr Struensee!

Struensee. Ich heiße Graf Struensee!

Köller. Für mich nicht.

Struensee. Das freut mich! Ich bin gern der blanke Struensee neben dem Herrn von Köller, aber Ihr widersprecht einem Edicte des Königs, welches mich in den Grafenstand erhoben.

Köller. Und Euch ein Schiff mit vollen Segeln zum Wappen gegeben! Wo bleibt der Graf, wenn das Schiff untergeht?

Struensee. In der Geschichte, mein Herr. Und wo bleibt Herr von Köller, wenn sein Leben zu Ende ist? Im Staube der Vergessenheit!

Köller. Und wenn er dem Schiffe Struensee den Mastbaum kappte und die nagelneue Flagge zerrisse?

Struensee. So dankte er's Struensee, daß man seinen Namen behielte.

Köller. Es wird mich sehr freun, auch Euch etwas verdanken zu müssen. (Ab.)

Fünfte Scene.

Struensee. Holla! Diese freche Sicherheit deutet auf gefährliche und reife Anstalten zu meinem Verderben! Schweige, Herz, schweige! Ranzaus Erscheinen und Benehmen, Guldbergs Bemerkungen, dieses Köllers Zuversicht, der Aufstand in der Stadt, — schweige, mein Herz, denn hier kann Alles auf dem Spiele stehn, und ich muß selber handeln! (Er wendet sich zum raschen Abgehn; Gräfin Gallen tritt haftig aus den Gemächern der Königin.)

Sechste Scene.

Gallen — Struensee.

Gallen. Um Gottes willen eilt, Struensee, wir vergehen vor Angst!

Struensee. Und sie ist milder gesinnt gegen mich?

Gallen. Sie wird Euch vergeben, wenn Ihr kräftig gehandelt habt! Eilt und trefft Vorkehrungen!

Struensee. Sie sind getroffen! Aber sie, Ihr sprecht es zur Hälfte aus — sie hat mir noch nicht vergeben?

(Kurze Pause.)

Gallen. Struensee, diese heiße Beflissenheit um die Gunst der Königin in so bedrängtem Augenblicke kann Euren Feinden die gefährlichste Waffe liefern, und — Eure Freunde für Euch entwaffnen. Besinnt Euch!

Struensee (nach vorn kommend, wohin sie ihm folgt). Ihr habt ganz Recht. (für sich) Und ihr am wenigsten darf ich mein Herz verrathen! (laut, ihre Hand ergreifend) Ihr gehört zu meinen Freunden?

Gallen. Zu Euren treusten, wenn Ihr durch liebenswürdige Aufmerksamkeit meine Seele nicht getäuscht habt.

Struensee. O, sprecht nicht so! Seht auf meinen

Ursprung zurück, und rechnet es meinem bürgerlichen Herkommen zu, wenn ich im Hofleben Verstöße begehe. Was hat mich in die Höhe gebracht? Die Gunst des Königs. Was erhält mir die Gunst des Königs? Die Gunst der Königin. Sie war gegen mich eingenommen, als mich der König erhob, und es hat meiner eifrigsten Beflissenheit bedurft, mir ihr Wohlwollen zu erwerben, es bedarf heute noch meiner strengsten Aufmerksamkeit auf mich selbst, mir dieses Wohlwollen zu bewahren, denn meine bürgerliche Erziehung, die ohne Form und Rückhalt zu verkehren geneigt ist, mein rasches, nur das Wesen der Dinge ergreifendes Naturell sind ihr zuwider —

Gallen. Zuwider?

Struensee. Oder doch peinlich! Muß ich nicht außer mir sein, wenn ihrem königlichen Wesen so Unwürdiges begegnet, wie heute geschehen ist, und wenn die Beschuldigung auf mich fällt, daß ich durch ungeschicktes Regiment solche Unbill erzeugt, daß ich aus Leichtsinn sie wenigstens nicht vorhergesehn und die Königin nicht davor gewarnt und behütet hätte? Wenn sie mir nicht vergiebt, wer hält mich gegen den andringenden Sturm meiner Feinde? Und was ist ein Sturm meiner Feinde, wenn König und Königin für mich sind? Deshalb, meine Freundin, deshalb ist mir die Vergebung der Königin wichtiger, als ein Straßenaufruhr, der sich bereiten soll! Hab' ich Unrecht?

Gallen. Bin ich geneigt, Euch Unrecht zu geben? Wär' ich dann noch Eure Freundin?

Struensee (ihr die Hand küssend). Meine liebevollste Freundin!

Gallen. Glaubt Ihr das wirklich?

Struensee. Darf ich nicht?

Gallen. Ja, Struensee, Ihr dürft's! Und nun eilt, Euch gegen außen zu schützen, ich übernehm's, den Sinn der Königin Euch zu versöhnen. Eilt! eilt!

Struensee (zum Gehen gewendet). Mein innigster Dank wird's Euch lohnen! (Geht.)

Siebente Scene.

Die Königin — Gallen — Struensee.

Königin (in der Thür und noch im Reitkleide). Struensee! Noch immer hier?!

Struensee. Eure Ungnade, Majestät, fesselt allein meine Schritte!

Königin (eintretend). Gräfin Gallen, ich hatte Euch ausgesendet, um nach dem Grafen Brandt fragen zu lassen! Ist er in Kopenhagen? Und was berichtet er uns, da sein Freund Struensee diese Gemächer nicht verlassen kann?

Gallen. Gnädigste Königin, ich eile, Euren Befehl aufzutragen! (Verbeugt sich.)

Königin (aufmerksam Struensee und die Gräfin betrachtend). Ihr nennt das Eile?

Gallen. Vergebung, Majestät! (Sie geht, indem sie am Vorhange, durch welchen sie hinaus schreitet, noch einmal aufmerksam auf die Königin und Struensee zurück blickt.) (Ab.)

Achte Scene.

Königin — Struensee.

Königin. Graf Struensee! (Kurze Pause.) Das Gerücht, welches Euch eine lebhafte Neigung für Gräfin Mathilde von Gallen zuschreibt, scheint wohlbegründet zu sein —

Struensee. Gnädigste Königin —

Königin (macht eine ablehnende Handbewegung, und fährt fort, ohne sich unterbrechen zu lassen). Und ich begreife nicht, was Euch hindert, eine Verbindung öffentlich zu schließen, welche Eurem jetzigen Stande angemessen, und Eurer bürgerlichen Stellung vortheilhaft ist —

Struensee. Meine gnädigste Königin —

Königin (dasselbe Spiel). Läugnet nicht etwas, was Euch Niemand verargen kann. Die Gräfin ist nicht nur reich, und dies ist für einen politischen Mann von besondrer Wichtigkeit, sie ist nicht nur geistreich und liebenswürdig, sondern sie ist auch von energischem Charakter, und das ist entscheidend für einen Mann in Eurer Stellung. Sie hat einen mächtigen Anhang unter den Großen des Reichs, und ihr muthiger Sinn würde Euch also innere und äußere Hilfe bringen für Eure politischen Pläne. Solcher Hilfe bedürft Ihr in diesem Augenblicke mehr als je, ich rathe Euch also wohlmeinend, diese Verbindung nicht länger der Oeffentlichkeit vorzuenthalten.

Struensee (ihr zu Füßen stürzend). O meine gnädigste Königin, welch eine Folterqual verhängt Ihr über mich! Nie, nie hab' ich die Gräfin geliebt!

Königin. Struensee! Ihr verläugnet, was außer Obrist Köller Niemand am Hofe bezweifelt?!

Struensee. O, wär' es diese Neigung, die ich zu verläugnen hätte! Wie leicht wäre mein Herz dann zu befreien, zu beglücken! Warum sollte ich dann zögern? Warum ließe ich dann länger noch Auge und Haupt gefangen halten von einer Sorge des Herzens, die mich blind und unfähig macht mitten in drohenden politischen Gefahren?!

Königin. Steht auf, Struensee, Ihr redet irr'!

Struensee. Ach, redete ich irr', mir wäre leichter, Königin! Nein, Königin! Mag Alles um mich her in dunkle Schleier gehüllt sein, mag es wie ein Schattenspiel an mir vorüberstreichen, daß dies Volk meine guten Absichten mißversteht und mich mit steigender Ungunst betrachtet, daß der Adel mich haßt als ungelegenen Eindringling, daß meine alten Freunde wie Ranzau sich von mir wenden, daß die Verschwörung zu meinem Sturze täglich fester und gefährlicher wird, und daß mir im entscheidenden Augenblicke die schwankende Hand des Königs entzogen werden

kann, mag alles Das wüst und wirr an meinem Geiste vor=
überhüpfen, — Eins seh' ich deutlich, Eins seh' ich klar,
wie der Gefangene durch eine Spalte seines finstern Ker=
kers einen Stern sieht bei Tag und Nacht, dies Eine,
Königin, ist meines Herzens Stern, der hoch am Himmel,
aber täglich vor mir steht! Und niemals red' ich irr', wenn
ich den Stern bewundre!

(Pause.)

Königin. Steht auf!

Struensee (sich das Gesicht mit den Händen bedeckend). O laßt
mich! Auch der Gefangene liebt seinen Kerker; denn er
fürchtet draußen am zerstreuenden Tageslichte seinen tröst=
lichen Stern zu verlieren.

Königin. Und darin hat er Recht. Nur die Ein=
samkeit ist unser —

Struensee (rasch). Sie aber ist's? —

Königin. Still, Struensee! Was man in Worte
faßt, ist nicht mehr einsam — (sie reicht ihm die Hand) steht
auf! (Er thut's, indem er ihr die Hand küßt.) Gräfin Gallen kann
jeden Augenblick zurückkehren, und sie liebt Euch, sie wird
unsre schlimmste Feindin, wenn sie an Eurer Liebe zweifeln
muß —

Struensee. Unsre Feindin! O, Königin, wie
glücklich macht dies Wort!

Königin. (Mit ablehnender Bewegung — Pause.) (Die Königin
geht langsam nach einem Sessel; sie bleibt gedankenvoll daran stehn und
setzt sich dann — Struensee bleibt auf seinem Platze zurück und - sieht
zweifelhaft auf sie.) (Halblaut.) Unglückliches Loos, das mir be=
schieden ist! Meine sorglose Jugend ahnte nichts von solchem
Kummer, als ich England verließ und auf das prächtige
Kriegsschiff stieg, welches mich nach Dänemark führen sollte.
Ein junger König harrte meiner, und die Meinigen sagten mir
zum Abschiede, ich sei schön und liebenswürdig, ich würde ge=
liebt werden, ich würde einen König und ein Königreich beglücken.
— (seufzend) Es ist anders geworden, ganz anders! — Noch
als Ihr auf Reisen gingt mit ihm, war ich einer leidlichen Zu=

kunft gewärtig, und ertrug standhaft alle Beleidigungen, welche mir die Königin Witwe Juliane anthat Tag um Tag. Lieber Gott, dachte ich, sie hat in ihrem Sinne wol Grund zu Widerwillen gegen Dich! Du hast einen Sohn geboren, welcher dem ihrigen die Erbschaft des Thrones entzieht. Du mußt es hinnehmen wie eine unvermeidliche Schickung, daß man drüben auf Schloß Fredensburg Dir unhold verbleibe für und für; König Christian wird gestärkt und gesammelt zurückkehren von seinen Reisen, wird Dich und Dein Kind schützen gegen Mißgunst und Neid, wird Dir mit Liebe vergüten, daß Du schöne Jugendjahre einsam und freudlos, ja verbittert durch Kränkungen in diesen kalten Schlössern zugebracht hast. Das durft' ich hoffen, denn Christian ist gut. Ach, Güte ist so wenig, wenn man Macht und Liebe will! — Ihr war't ihm kein glücklicher Arzt gewesen, Doctor Struensee, zerrütteter kam er heim, als er gegangen!

S t r u e n s e e (unbeweglich stehen bleibend). Dem Organismus können wir h e l f e n, doch ä n d e r n können wir ihn nicht.

K ö n i g i n. So wuchs das Leben mir in Sorge nur und in Entbehrung, und selbst die letzte Hoffnung löschte aus. Denn auch von Euch, Struensee, dem aufklimmenden Günstlinge, erwartete ich nichts. Ich liebe sie nicht, die grellen Uebergänge von niedrigem Stande zu hohem Stande: sie bringen niedrige Gewohnheiten in hohe Kreise, und Eure Seele ist uns ohne Trost, denn sie hat andere Erinnerung. Mißtrauisch sah ich Euch zu, als Ihr zu meinem kränkelnden Sohne tratet, mißtrauisch schalt ich die Kur, welche Ihr heischtet, eine rohe Bauernkur, mißtrauisch schweifte mein Auge von Euch zur Fredensburg hinüber, und von der Fredensburg zu Euch — ich that Euch Unrecht —

S t r u e n s e e. Sicherlich!

K ö n i g i n. Alles bewährte sich in Euch als brav: Eure Wissenschaft und Eures guten Herzens dreiste Formen —

S t r u e n s e e (tritt einen Schritt näher).

Königin. Ich lobe diese Formen heut noch nicht, allein ich glaub' es jetzt, daß formlose, ursprüngliche Geister gewitterhaft günstig eindringen mögen in starrendes Herkommen. So wurdet Ihr mir ein befremdliches Wesen, denn Ihr risset Alles an Euch, Ihr brachtet Leben und Bewegung in eine Welt, die leblos und starr erschienen war vorher, und Ihr thatet dies Alles (sie wendet sich während dieser Rede allmählich zu ihm) mit Kräften und Mitteln, die ich niemals gekannt. So wurdet Ihr mir ein befremdliches Wunder, Struensee! Ihr schuft wieder eine Macht, auf die ich mich stützen konnte, Ihr erhobt Euch, ein herrschender Mann unter Puppen und Schranzen im Königshause, ein Mann mit aller Zuversicht und Kühnheit, die verloren gegangen war, (sie ist aufgestanden, und ihm zugewendet geblieben, bis er bei diesen letzten lebhaft gesprochenen Worten eine leidenschaftliche Bewegung auf sie zu macht — da hält sie rasch inne, macht ein sanft ablehnendes Zeichen, und wendet sich wieder halb nach dem Publicum) — Pause. (mit schwacher, weicher Stimme) Struensee, laßt Euch durch nichts übereilen und hinreißen! In der Fassung allein liegt Heil. Ich habe Pflichten zu bewahren, und Ihr habt Euch vor Argwohn zu schützen. Tausend Augen sind von Fredensburg auf Euch gerichtet, und in diesem Betracht wäre Euer zärtliches Verhältniß zur Gräfin Mathilde ein meisterhafter Schild —

Struensee. Aber es besteht nicht, meine gnädigste Königin.

Königin (halb schalkhaft). Und Ihr fürchtet Euch vor der Gefahr, wenn es bestünde?

Struensee. Vor welcher Gefahr?

Königin. Ihr seid liebenswürdig schwerfällig, oder liebenswürdig klug, daß Euch die Schönheit der geistreichen Gräfin Mathilde nicht gefährlich dünkt — still! Hört genau! Je feindlicher jetzt Alles gegen Euch verschworen ist, desto gefährlicher wäre in diesem Augenblicke der geringste Argwohn, der Euch träfe. Der König ist in diesem Punkte fein fühlend, und, ich fürchte, grausam. Gräfin Mathilde ist von starken Gefühlen und leidenschaftlicher Schritte fähig,

Zweiter Act, achte Scene.

alle vereinzelten Feindschaften würden gemeinschaftlich nach dieser Waffe greifen, um Euch zu verderben, um mich zu peinigen. Ich fürchte diesen höflichen Guldberg: er ist der einzige Nationaldäne unter uns, dies erhält ihm eine tiefe Sympathie mit dem Könige und dies nährt ihm einen tiefen Groll gegen uns alle — also Fassung und Haltung, Struensee! (Sie wendet sich zum Gehen.)

Struensee (schweigt und läßt sie einige Schritte thun; dann bricht er leidenschaftlich aus). Fassung und Haltung, meine Königin, während mir das Herz überströmt! Ich bin verloren, wenn ich länger diesen ungestümen Drang verschlossen halten soll, denn ich seh' und höre nichts mehr als diesen Drang; und Hof und Staat sind nicht mehr vorhanden für mich und meinen Sinn. — Ihr vernichtet mich, o Königin, wenn ich auch Euch, auch Euch allein, auch Euch in solcher Einsamkeit von Aug' zu Auge mein Herz nicht öffnen darf! Ich bitt' Euch, o verlaßt mich nicht mit diesem kühlen, lähmenden Bescheide, ich bitt' Euch, glaubt, daß ich mich selbst verderbe, daß mich mein Herz durch plötzliche Sprengung jeglicher Fessel verdirbt, wenn dieser Zwang noch länger dauert, mein Herz ist stürmischer als Eures — (auf die Kniee fallend) o seid beschworen, laßt ihm den Trost, daß es, allein mit Euch, sich öffnen darf, wie sich die Blume öffnet in der Sonne Strahl.

Königin (welche während dieser Rede zittert, kehrt rasch zu ihm zurück). Um Gottes willen, Struensee, beherrscht Euch besser, sonst sind wir verloren!

Struensee. Was ist verloren an einem halben Leben!

Königin. Ist denn Voraussetzung des Herzens nicht auch Leben?

Struensee. Ein dürftig Schattenleben ist's! O Königin Mathilde, leg' die Hand mir auf das brennende Haupt, das wird mich stärken!

Königin (thut's). Ungestümer Mann! Ihr ängstigt mich — (sich zu ihm beugend) Ihr seid ja außer Euch! (In diesem Augenblicke tritt Gräfin Gallen durch den Vorhang ein.)

Neunte Scene.

Gallen — Königin — Struensee.

Gallen. Graf Brandt ist nicht in Kopenhagen —
Struensee (gleichzeitig). (Er hält sein Gesicht mit den Händen bedeckt und den Kopf abwärts.) Mathilde! O Mathilde!
Königin (die Stimme der Gräfin hörend, ohne sich nach ihr umzusehn). Gerechter Gott! Gräfin Mathilde! (Kurze Pause.) (leise) Meine Krone und sein Leben stehen auf dem Spiele!
(Pause.)
Gallen (leise). Verräther! Wehe mir und Euch!
Königin. Erhebt Euch, Graf Struensee! Gräfin Mathilde, die Ihr preiset und begehrt, ist meines Wissens Euren Wünschen nicht so ungeneigt als Euch bedünkt, und ich will Euch das Wort reden bei ihr —
{Struensee (aufblickend). Gräfin Mathilde?!
{Gallen (einen Schritt näher tretend). O Gott!
Struensee (die Gräfin erblickend und aufspringend). Gräfin Gallen!
Gallen. Struensee?!
Königin (sich gezwungen ruhig umwendend). Sieh da, Mathilde! Dein Name zaubert Dich herbei! Es hat sich Wichtiges um Dich ereignet. Erst Deine Nachricht: Ist Graf Brandt in Kopenhagen?
Gallen. Graf Brandt ist nicht in Kopenhagen.
Königin. Nicht! Nun, meine Nachricht ist Euch hoffentlich erwünschter, Gräfin — Graf Struensee hat mich um Eure Hand gebeten —
{Gallen. Mein Gott! Struensee! —
{Struensee. Majestät!
Königin. Und ich habe keinen Grund, meine freudige Zustimmung zu verweigern, wenn Ihr, Gräfin Mathilde, keinen Grund der Verweigerung habt.
Gallen (vom Kampf mit Zweifel und Ueberraschung in leiden-

schaftliche Freude übergehend stürzt zur Königin, ergreift deren Hand, küßt sie, fällt ihr zu Füßen). O meine gnädigste Herrin und Freundin, wie sprech' ich Dank und Ueberraschung aus, die mir das Herz bewegen!

Königin (macht, während die Gräfin spricht, mit dem Haupte Struensee ein Zeichen, sich zu fassen). Graf Struensee, ich höre den König im nächsten Zimmer sprechen, öffnet ihm die Thür.

Struensee (nach der Thür schwankend). Als ob des Himmels Gewölbe krachend auf mich stürzte. (Er öffnet.)

Königin. Steht auf, Gräfin Gallen, der König naht (sie sieht in das offne Zimmer rechts). Es ist nichts Trauriges, mein Herr und König.

Zehnte Scene.

König — Ranzau — Guldberg — die Vorigen; bald darauf Köller.

Königin (fortfahrend). Gräfin Gallen wünscht den Brautkranz aus Eurer Hand; sie hat sich dem Grafen Struensee verlobt.

König. Gräfin Struensee! (Er ergreift hastig ihre Hand, und blickt rückwärts nach Struensee, ihm die Hand entgegenstreckend.)

Guldberg. Mit Struensee! } (Unmittelbar nach des
Ranzau. Mit Struensee! } Königs Ruf.)

Guldberg (mit Ranzau links vorschreitend, nur halblaut). Ich gratulire Euch zu der Verschwörung, nun stürzt ihn nur ein Wunder und Geduld.

(Köller tritt ein.)

Köller (zu Ranzau und Guldberg). Der Aufruhr naht unaufhaltsam dem Schlosse, und nichts steht ihm im Wege —

Guldberg. Schweigt!

Ranzau. Leise, Vetter — der gelingende Aufruhr ist unsre einzige Hülfe; hier ist Alles verloren, und Struensee verlobt mit Gräfin Gallen!

Köller. Tod und Verdammniß!

König. Ruft mir den holsteinischen Prediger, er soll den Bund segnen auf der Stelle, ruft ihn, holla, Guldberg. (Während sich Guldberg verbeugt, um zu gehorchen, schwankt die Königin und greift nach der Stuhllehne.)

Ranzau. Die Königin wird unwohl!

Gallen (sie ergreifend, so daß die Königin auf den Sessel sinkt). Allmächtiger!

Struensee (für sich). Die Nerven sind gerechter als das Herz.

König. Was ist?

(Der Vorhang fällt ganz rasch.)

Dritter Act.

Dieselbe Decoration; die Gardine ist offen. Die Thüre (d. h. der Vorhang) zu den Zimmern der Königin steht offen.

Erste Scene.

Guldberg (an der offnen Thür jener Zimmer stehend und hineinblickend) — Ranzau und Köller (auf- und niedergehend quer auf der Bühne).

Ranzau. Ich begreife Eure Hast und Euren Grimm, Vetter, aber Aufruhr bleibt ein gefährliches Mittel, auch wenn es zum Ziele führt, und es ist ein tödtliches, wenn es mißlingt —

Köller. Wie soll es mißlingen?

Ranzau. Das fliegende Corps ist die einzige Truppe, welche er gebildet hat, und welche ihm anhängt —

Köller. Nein!

Ranzau. Und dies fliegende Corps hält das Schloß besetzt.

Köller (stehen bleibend, während Ranzau weiter geht). Aber zum Henker, Graf, Ihr habt kein Herz für unsre Sache!

Ranzau (stets im Wandeln). Nein, aber ich habe einen Kopf dafür!

Köller (stehen bleibend). Und fürchtet nur für diesen Kopf! Sagt Euch dieser Kopf nicht, daß Ihr unsre Kräfte unterschätzt? Struensee hat Angesichts des Aufruhrs, der sich heranwälzt, nicht die geringste Widerstandskraft für sich, er hat nicht die geringste Hülfe von den Truppen des Schlosses zu erwarten. Sein fliegendes Corps ist durch starkbesetzte Wachtposten im Innern des Schlosses und auf der Hinterseite, die kein Mensch bedroht, bis zur Unmacht zersplittert und vertheilt —

Ranzau (einen Augenblick stehen bleibend). Sprecht nicht so laut, die Thür ist offen, er kann Euch hören! (Weiter gehend.)

Köller. Und von diesem fliegenden Corps sind ihm höchstens die gemeinen Soldaten zugethan. Aber auch sie werden gleichgültig sein, wenn sie das Volk gegen ihn sehn. Was sind gemeine Soldaten! Ihr Geist wohnt in ihren Befehlshabern. Diese hat er allerdings eingesetzt, aber wie hat er sie behandelt?! Weiß denn dieser Doctor etwas von militärischem Sinn und Takte?! Von Gerechtigkeit faselt er ihnen vor, und eine billige Rücksicht, welche der oder jener von ihnen verlangt hat, nennt er ungerechte Begünstigung. Sie sind ergrimmt, daß man sie das Schulmeisterregiment heißt, und fragen den Teufel nach des Doctors Wohlbefinden.

Ranzau. Nicht so laut, Vetter!

Köller. Mein Regiment aber hat die Zugänge und den Schloßhof besetzt, und es wird die Bürger Kopenhagens bis dort an die Treppe lassen, dafür steh' ich Euch, und bis hierher soll ihr Ruf bringen: Nieder mit Struensee!

Ranzau. Sprecht leise, ich beschwöre Euch!

Guldberg (sich herumwendend). Herr Obrist, Ihr sprecht so laut, daß der König den Grafen Struensee nicht verstehen kann, der ihm Bericht erstattet über das Befinden der Königin.

Köller (leiser sprechend). Das Volk weicht nicht vom Platze, bis ihm die Entlassung Struensees verkündigt ist.

Ranzau (ebenfalls leise). Und das Geschütz vom Zeughause, das immerwährend schußfertig ist?! Wenn Struensee dort an die Thür tritt und sein Taschentuch wehen läßt, so schmettern die Kartätschen in den Schloßhof, verleitete Menschen büßen es mit dem Leben, und wir sind verloren. —

Köller. Der Menschenfreund kann ja kein Blut sehn, und verliert den Kopf wie in Hirschholm!

Guldberg (tritt heran). Der König naht mit Struensee —

Ranzau. Wie steht's mit der Königin?

Guldberg. Wüßte ich das genau, Herr Graf, so könnte ich dem Herrn Obrist sicher prophezeihen für die nächste Stunde!

Köller. Was hat das Uebelbefinden der Königin damit zu schaffen?

Guldberg. Wenn es nichts damit zu schaffen hat, so wird es Euch verzweifelt zu schaffen geben.

Köller. Ihr sprecht in Räthseln, um einer bestimmten Erklärung auszuweichen, ob Ihr mit uns gehen wollt oder nicht.

Ranzau. Darin, Herr Guldberg, hat Herr von Köller Recht. Wir wissen nicht, woran wir uns zu halten haben mit Eurer Theilnahme — wofür nehmt Ihr Partei?

Guldberg. Für die gute Sache.

Ranzau. Jedermann nennt sein Interesse die gute Sache!

Guldberg. Ihr also auch?

Ranzau (kurze Pause). Ja.

Guldberg. Wer sein Kind schlecht erzieht, darf später nicht über Undank des Kindes klagen — Ihr ruft die Kopenhag'ner zu Hülfe, um Minister zu werden —

Ranzau. Das thu' ich nicht!

Guldberg. Ihr laßt es geschehn — sprecht Ihr den Kopenhagenern das Recht zu, Minister zu machen?

Ranzau. Nein.

Köller (der nach hinten zur Thür gegangen ist). Erklärt Euch, Guldberg, der König kommt!

Guldberg. Erklärt mir das Unwohlsein der Königin, das ist die Hauptsache.

Köller (rasch). Ihr seid falsch!

Guldberg. Vielleicht; so wie man ein fremdes, un=
gebräuchliches Geldstück ein falsches nennt.
 Köller. Ihr seid im Stande, uns zu verrathen!
 Guldberg. O ja!
 {Ranzau. Guldberg!
 {Köller. Weh Euch!
 Guldberg. Der König!

Zweite Scene.

Der König — Struensee — die Vorigen — bald
darauf Prediger Lorenz.

König (langsam und schweigend bis in den Vordergrund gehend).
Ist der holsteinische Prediger da?
 Guldberg. Zu Befehl, Majestät — und es soll die
Einsegnung des neuen Paares nicht verschoben werden, bis
der Königin Majestät an der Feierlichkeit persönlich theil=
nehmen kann?
 König. Was sprachst Du von der Königin — sie
sei gegen die Heirath?
 Struensee (aus melancholischer Zerstreutheit auffahrend). Die
Königin sei gegen die Heirath?
 Guldberg. Verzeihung, Majestät, das weiß ich nicht
— Graf Struensee weiß uns vielleicht darüber Auskunft
zu geben?

(Pause.)

König. Struensee?
 Struensee. Nicht daß ich wüßte! Wie kommt
Herr Guldberg überhaupt zu dieser Voraussetzung?
 Guldberg. Ich bitte um Verzeihung; ich habe nichts
vorausgesetzt, als daß der Königin Majestät ihres Unwohl=
seins wegen nicht theilnehmen werde an der Feierlichkeit —
 Struensee. Die Königin hat sich erholt —

König. Sie wird Brautführerin sein — laßt den Geistlichen eintreten! (Guldberg geht nach hinten und dort rechts ab, um den Prediger zu holen, mit welchem er bald darauf eintritt.)
(Kurze Pause.)

König. Was ist das für ein Geräusch im Schloßhofe? (Kurze Pause. Da keine Antwort folgt, sieht der König fragend auf Köller.)

Köller. Vielleicht werden die Wachen abgelös't, Majestät.

König. Vielleicht? Wer commandirt die Schloßwacht?

Köller. Oberst von Köller, zu Majestät Befehl.

König (geht langsam nach hinten und steigt die Stufen hinauf; die Wachen außen präsentiren — als er erst einige Stufen hinaufgestiegen ist, tritt von rechts Guldberg mit Lorenz ein; er sieht, daß sich dieser vor ihm verbeugt, bleibt stehen, mit dem Profil dem Publicum zugewendet, und dem Prediger winkend). Zu Struensee! (In dieser Stellung scheint er in Gedanken zu versinken.)

Ranzau (leise zu Köller). Ihr seid verloren, wenn der König die Aufrührer sieht.

Köller. Wir sind verloren. (Guldberg bleibt in der Mitte stehn, Lorenz tritt zu Struensee, der aus Gedanken auffährt, als er diesen neben sich sieht, ihn haftig bei der Hand ergreift und links in den Vordergrund führt. Ranzau und Köller stehen rechts an den Coulissen.)

Struensee. Wenn Du mich liebst, Vetter, so entferne Dich auf der Stelle unter irgend einem Vorwande!

Lorenz. Wie könnt' ich das! Der König hat mich rufen lassen, und der König ist hier.

Struensee. Ich beschwöre Dich, Vetter, erfülle mir unverzüglich diese Bitte! Meine Stellung, meine Macht, mein ganzes Lebensglück stehn auf dem Spiele.

Lorenz. Ich begreife Dich nicht, Friedrich!

Struensee. Ich werde Dir Alles erklären. Wenn Du hinaus bist aus diesem Saale, so sage, Du müßtest unverzüglich nach Holstein zurückreisen. Dann schließe Dich in meinem Arbeitszimmer ein und erwarte mich.

Lorenz. Aber wie soll ich aus diesem Saale kommen, ohne daß mich der König selbst verabschiedet?

Struensee (nach dem Könige und dann nach Guldberg und Ranzau blickend). Der König ist das geringste Hinderniß; seine

Kopfnerven sind in diesem Augenblicke völlig gelähmt, er sieht und hört Dich nicht und hat Deiner vollständig vergessen. Von jenen Männern würde nur Einer Dich aufhalten, das ist Guldberg. Die andern beiden wünschen so wenig als ich meine Verheirathung mit Gräfin Gallen. Und von Dir hinweg tret' ich zu Guldberg und beschäftige ihn, während Du hinausschreitest. Folge mir und thue also, oder ich bin verloren! Und geh' sogleich, denn die Königin und die Gräfin können jeden Augenblick eintreten! (Er geht zu Guldberg hinüber, der ihm zugesehen hat, während Ranzau und Köller gespannt auf den König blicken — Lorenz bleibt betroffen auf seinem Platze stehen.)

Struensee. Staatsrath Guldberg, auf ein Wort!

Lorenz (für sich). Wie kann ich dem Befehle des Königs schnurstracks entgegen handeln!?

Guldberg (zu Struensee ganz vor an die Lampen tretend, aber immer halb auf Lorenz, halb nach den offnen Gemächern der Königin blickend). Herr Graf!

Struensee. Ihr seht, daß der König den Balkon nicht erreicht. Wollt Ihr hinaufsteigen und uns Nachricht geben über den Lärm; ich erwarte hier jeden Augenblick der Königin Majestät und die Gräfin! (Er sieht seitwärts mit den Augen winkend auf Lorenz, der ihn unverwandt und unsicher anblickt. In Folge dieses Winkes wendet sich Lorenz halb wie zum Abgehn.)

Guldberg. Armer Herr Graf, Ihr habt zu lange unthätig gewartet — da kommt die Gräfin Gallen!

Dritte Scene.

Gräfin Gallen aus den Zimmern der Königin tretend;
sie ist in Putz — die Vorigen.

Struensee (sich umblickend). Weh' mir!

Guldberg. Ihr versprecht Euch wunderlich!

Gallen (auf Lorenz zugehend). Würdiger Herr, laßt Euch meine Freude ausdrücken, daß gerade Ihr, ein deutscher Landsmann (ihm die Hand reichend) und naher Verwandter

Dritter Act, dritte Scene.

Struensees, eingetroffen seid, um unsern Bund zu segnen! (Struensee die andre Hand reichend, die dieser zögernd küßt.) Ist's nicht ein schönes Zeichen des Himmels, Struensee? (Kurze Pause.) Ihr zittert ja!

Struensee. Wüßtet Ihr, was in mir vorgeht —!

Gallen. O Struensee, Ihr braucht mir nicht zu verbergen, daß Euer Inneres leicht und tief bewegt ist vom Ernst des Lebens! Diese schöne Erregbarkeit war es ja, welche mein Herz zu Euch gezogen. Nehmt mich auf in Euer großes Dichten und Trachten; meine Seele schmachtet darnach, an all Euren Gedanken und Plänen hingebend wirksam theil zu nehmen. Unsre Liebe soll sich in gemeinschaftlicher einiger Thätigkeit offenbaren, und wir werden es der Welt zum Staunen darstellen, was die Ehe darstellen soll: Mann und Weib sei **eine That!**

Struensee (sie betrachtend). Arme Gräfin!

Gallen. Struensee! Warum arm? Warum wollt Ihr Eure eigne Bedeutung so gering achten? Ihr regiert ein Reich, Ihr regiert es mit neuen Mitteln, zu neuem Ziele! Und das wäre ein Geringes? Gewiß nicht! Ich werde Eure Bescheidenheit aufrichten, ich werde Euch täglich zurufen: Struensee, Millionen sehen und harren auf uns, und erwarten von unsrer Liebe und unserm Geiste Gesetz und Vorschrift — wir haben die herrlichste Bestimmung errungen, Friedrich!

(Pagen erscheinen links an der Eingangsthür zur Königin.)

Struensee (in Gedanken). Von wo kommt die Bestimmung?!

Gallen. Von Gott, der uns im Herzen wohnt.

Struensee. Wahrhaftig?

Ruf aus den Zimmern der Königin: Die Königin!

Struensee (die Hand der Gräfin lassend und nach dem Eingang zur Königin einige Schritte machend). Sie kommt!

Neuer und näherer Ruf: Die Königin!

König (erwachend). Die Königin! (Er schreitet langsam die Treppe herunter und kommt nach vorn.)

Ranzau. Gott sei Dank!

Köller. Das wär' vorüber; nun zur Entscheidung!
(Er geht langsam nach hinten, die Treppe hinauf und hinaus.)

Guldberg (zu Ranzau). Nun wird sich's zeigen!

Vierte Scene.

Königin — die Vorigen.

(Pause.)

König. Ich dank' Euch, Mathilde, daß Ihr Eure Nerven so mächtig bezwingt — ach könnt' ichs auch! — und daß Ihr kommt. Ich weiß selbst nicht warum, aber es ist mir eine Genugthuung, Struensee und Gräfin Gallen sogleich verbunden zu sehn. Das Paar gefällt mir ganz besonders — Euch doch auch, Mathilde?

Königin (sieht schweigend einen nach dem andern an).

König. Nicht?

Königin. Ja wohl!

Gallen (ihr die Hand küssend). O meine gnädige Königin!

König. Wo ist der holstein'sche Prediger?

Lorenz. Königlicher Majestät zu Befehl.

König. Verrichtet Euer Amt, und segnet dieses Paar!
(Erneutes und steigendes Geräusch aus dem Schloßhofe.)

Lorenz. Majestät verzeihen der Nachfrage, ob alle kirchlich gesetzlichen Vorbedingungen erfüllt sind —?

Struensee. Nein.

König. Was?

Guldberg. Majestät mögen verzeihen, der Mann ist aus den deutschen Provinzen und dänisches Kronenrecht ist ihm nicht hinreichend geläufig — (zu Lorenz) der König von Dänemark ist Haupt der dänischen Kirche; wovon er dispensirt, das ist gesetzlich!

König. Legt ihre Hände in einander, ich bitte, Königin Mathilde — Ihr seid noch krank, Euer Antlitz ist ganz blaß.

Dritter Act, vierte Scene.

Königin. Mag sein, doch hiefür bin ich stark genug! — Deine Hand, Mathilde! Struensee, die Eurige! — (Als sie seine Hand ergreift) O Gott!

Struensee (leise). Weh uns! — Ich kann es nicht!

Königin (noch leiser). Ihr müßt! (Während die Königin erschöpft zur Seite tritt, und Lorenz ihre Stelle einnimmt, spricht die)

Gallen (leise zu Struensee). Was sagtet Ihr? Ihr gönnt mir keinen Blick!

Lorenz. So weih' ich Euch denn, Euch Mathilde Gräfin von Gallen und Dich Friedrich Grafen Struensee —

Struensee. Halt ein, ich kann nicht lügen!

Königin. O Gott!

König. Was ist?

Ranzau. Wie?

Guldberg. Da tritt's zu Tage! (Ranzau die Hand reichend.) Jetzt, Graf, ist's Zeit!

König. Was ist zu lügen?!

Struensee. Lüge wär's, wenn ich ein Bündniß segnen ließe und mit meinem Ja besiegelte, von welchem mein Herz in diesem Augenblicke entfernt ist —

Gallen. Struensee!

Struensee. Vergebt mir, Gräfin, gönnt mir Zeit! Vergebt mir, wenn ich nicht die rechten Worte finde — ich (Steigender Lärm von unten.) bin zerstreut durch die Sorge um den Staat, vergebt, mein König! —

Guldberg (zur Gräfin). Bedürft Ihr noch der Aufklärung?

(Donnernder Lärm.)

Königin (sich gewaltsam fassend). Was bedeutet jener Lärm?!

Köller (an der offnen Thür). Der Aufruhr wälzt sich in den Schloßhof herein!

Königin. Der Aufruhr?

Guldberg. Revolution?

Ranzau. Gegen wen?

König. Still!

(Pause.)

(Man hört Maſſengeſchrei: Nieder mit Struenſee.)

Köller. Das Volk verlangt den Kopf Graf Struenſees!

König. Struenſee, rechtfertige Dich! Warum ſtürmt mein Volk gegen mein Haus? Warum weichſt Du zurück vor dem erwünſchten Ehebunde?

Struenſee. Auf letzte Frage, Majeſtät, mag mir die Antwort jetzt erlaſſen werden. Bin ich auch meines Königs und des Staates Diener, mein Herz iſt frei in ſeiner Wahl; Niemand auf Erden hat ihm zu gebieten.

Guldberg. Ihr vergeht Euch!

Ranzau. Welche Sprache!

König. Rede weiter!

Struenſee. Der Gräfin Gallen, die ich lieb' und ehre, werd' ich darüber Rede ſtehn! Euch, Majeſtät, mein gnäd'ger Herr und König, dem ich ergeben bin bis in den Tod, hab' ich Verantwortung zu leiſten für den Aufruhr. Hier bin ich ſchuldig, und ich werd' es büßen. Die Vorfälle dahier im Schloſſe haben mich, ich muß es eingeſtehn, ſeit heute Morgen ſo befangen, daß ich meine Pflicht verabſäumt, mit Brandt mich nicht berathen und den Strom der aufgereizten Kopenhagener bis daher gelaſſen habe. Nicht Euch, mein königlicher Herr, mir gilt der Sturm; Oberſt Köller kennt genau, was er berichtet, durch mich nur iſt der Sturm zu beſchwören, ſei's durch mein Wort, das Kopenhagens Bürger aufklärt gegen die abligen Empörer, die Quelle all des Unheils, — ſei's durch mein Haupt, das man zur Sühnung heiſcht.

(Erneuter Volkslärm.)

Entfernt Euch, Majeſtät, ich bitte ſehr, mit der Frau Königin — hier ſeid Ihr ausgeſetzt! Mir aber, Oberſt Köller, laſſet öffnen und Platz ſchaffen auf dem Treppenplane; der Struenſee, nach dem ſie ſchreien, ſoll ihnen werden! (Er geht nach hinten ab.)

(Immer ſtärkerer Volkslärm.)

Königin. Es ist unwürdig, König Christian, sich gegen Empörer durch Entschuldigung zu vertheidigen. Ein meuchlerischer Schuß, der aus der Menge Struensee darniederwirft, wird die höhnische Antwort sein, und das Ansehn dieses Schlosses mit Schmach besudeln. Man soll die Truppen vorrücken und die Kanonen lösen lassen! (Struensee und Köller hinaus.)

König (sie betrachtend). Königin Mathilde!

Königin. So redet, rathet, helft, Ranzau und Guldberg! Ist es uns angemessen, mit dem Straßenaufruhr gütig und nachgiebig zu unterhandeln?

Ranzau. Nein.

Königin. Nun also, auf, laßt die Soldaten handeln! Wofür seid Ihr Männer!

Ranzau. Ich hab' kein Amt dazu! Befehlshaber ist Graf Struensee! Befiehlt mein König, daß ich handle, so ist dies Vollmacht und ich handle flugs.

König (sieht ihn schweigend an).

Königin. Graf Ranzau feilscht im Augenblick der Noth —

(Erneuerter großer Lärm.)

{Ranzau. Königin, ich heiße Ranzau.
{Guldberg. Soviel erweis't sich (nach hinten zeigend), Struensee beschwichtigt Kopenhagen nicht! —

Köller (erscheint oben). Ich bitte um Befehl! Struensee vermag nichts, Niemand will ihn hören, hundert Waffen sind gegen ihn erhoben, und auch für uns und unsre Truppen weiß er kein Commando —

Ranzau. Ernennt einen Befehlshaber, Majestät.

Guldberg. Befehlt, befehlt, König von Dänemark!

Königin (nach hinten eilend). Ich werd' befehlen, wenn es Niemand thut —

(Der Lärm außen dauert fort.)

Struensee (eilig eintretend; die Soldaten drängen sich hinter ihm und besetzen in Masse die Thür mit nach außenhin gestrecktem Gewehr — er bleibt zunächst oben stehen). Man hört mich nicht! Ich

beschwöre den König und die Königin, sich in den hinteren
Flügel des Schlosses zurückzuziehen; ich werde die Führer
des Aufruhrs hier erwarten, und werde ihnen Rede stehn!

Königin. Ihr seid von Sinnen, Struensee, und wißt
die Macht, die Euch in Händen ruht, nicht zu gebrauchen.
Laßt die Kriegsleute handeln und Gewalt mit Gewalt
vertreiben! Das ist Eure Schuldigkeit!

Köller. Die Truppen sind zu schwach und widerwillig —

Struensee. Schweigt, Oberst Köller! Seht Ihr
dort das Zeughaus? Seht Ihr den Grafen Brandt dort
auf der Warte? Ein Wink von mir, und die Kartätschen
säubern mörderisch den Schloßhof, und Eurer Truppen,
die ihr widerwillig nennen müßt zu Eurer eignen Unehre,
und Eures Degens, Herr, bedarf es nicht!

Königin. Nun denn, was zögert Ihr?

Struensee (herabsteigend). Ich zögre aus Gewissenhaftigkeit! — Laßt Euch beschwören, königliche Frau und
königlicher Herr, zieht Euch zurück, und überlaßt es mir
allein, den Aufruhr zu bestehn! Ich kann nicht, ich kann
nicht schießen lassen auf verführtes Volk, ich kann nicht
tödten lassen, blos um mich zu retten —

Königin. Die Majestät der Herrschaft sollst Du
schützen, thörichter Mann —

Struensee. Sie ist nicht gefährdet, mir gilt's, nur
mir! Und wer bin ich? Ich bin am Ruder, weil ich
allgemeine Freiheit, allgemeines Glück versprochen habe.
Jedweden Bürger, den reichen wie den armen, will und
soll ich schützen. Ich scheitre an dem Eigennutz der Kaste;
diejenigen, die ich beschützt, sind gegen mich gehetzt — soll
ich mich so verlieren, daß ich dieses Volk, dem ich Alles
gewidmet, zusammenschießen lasse, wenn es irrt und tobt?
Nein, beim lebendigen Gott! Es kann mich stürzen, kann
mich tödten, doch es soll mich einstens segnen!

Königin (nach vorn kommend). Weh uns! Dies ist ein
bürgerlicher Träumer, in dessen Kraft wir Alle uns getäuscht

Vierter Act.

Ebenda. Der Hintervorhang ist geschlossen. Abend. Der Kronleuchter brennt.

Erste Scene.

Ranzau (allein).

Ranzau (links auf einem Sessel sitzend, halb nach hinten gewendet, so daß er den Eingang zum Könige und zur Königin beobachten kann). Alle zögern! Ahnen sie Alle, daß die Entscheidung naherückt, und daß die Aeußerung jedes Einzelnen den Ausschlag geben kann? Und wenn ich aufrichtig gegen mich selbst bin, so kann ich mir eine unbequeme Stimmung nicht fortläugnen, ja, es thut mir leid, daß ich nicht daheim in Holstein geblieben bin. Bei vorgerücktem Alter mag man wol noch gegen Grundsätze kämpfen, nicht gegen Personen, am wenigsten gegen Personen, die man lieb gehabt. Mein Herz vergißt es nicht, daß Struensee einst sein Liebling gewesen! Und was wird aus uns, wenn persönliche Anhänglichkeit nichts mehr gilt! Grundsätze sind ja wie die Jahreszeiten, sie müssen einander ablösen. (Aufstehend.) O Struensee, warum hörst du nicht! Eine peinliche Stimme warnt mich vor diesem Guldberg, diesem eingefleischten Dänen. Kaum weiß ich, was er will, wem er dient, wie weit er's wagt! Und doch weiß ich, daß er Feind meiner Vorfahren, Feind der deutschen Herren — weh mir, wenn ich in meinen alten Tagen das Werk deutscher Bildung und Herrschaft untergrübe! — Endlich, Köller! Warum so spät?

Zweite Scene.

Köller (durch den Vorhang eintretend) — **Ranzau**.

Köller. Weil Alles vorbereitet sein mußte. Sobald der Ball begonnen hat, ist keine Zeit mehr übrig, und wenn es nicht heut geschieht, so ist die Ausführung dreifach schwieriger.

Ranzau. Heute noch? So weit sind wir noch lange nicht.

Köller. So weit müssen wir kommen. Niemals hab' ich Struensee in Sturm und Strubel und außer Gleichgewicht gesehen wie heut; sobald er Brandt gesprochen, sobald er die heutigen Aufregungen überdauert hat, wird er sich fassen, wird er sich des Königs wieder bemächtigen, wird er mit frechen Maßregeln uns entgegentreten!

Ranzau. Ist Brandt bei ihm?

Köller. Noch nicht. Aber Struensee hat zu wiederholten Malen nach ihm gesendet, er giebt Befehle nach allen Seiten, die ihn retten müßten, hätt' ich nicht alle Ausgänge besetzen, all seine Boten aufhalten und durch unsere Boten ersetzen lassen.

Ranzau. Was wagt Ihr? Ihr versperrt uns den Rückweg! Heute vielleicht noch, spätestens morgen erfährt er das Schicksal seiner Boten —

Köller. Ich will keinen Rückweg, und was er morgen erfährt, wenn es ein Morgen für ihn giebt, soll sein Todesurtheil sein!

Ranzau. Oder das Eure! Wohin treibt Euch die Hast! Wir sind ja Guldbergs noch gar nicht versichert!

Köller. Er ist noch immer beim Könige?

Ranzau. Noch immer; es ist ihm also noch nicht gelungen, den König zu überzeugen!

Köller. Aber auch noch nicht mißlungen, sonst wär'

er abgewiesen, und die Gräfin Gallen hab' ich im Fluge gesprochen —

Ranzau. Was sagt sie?

Köller. Noch heute soll's entschieden werden! sagte sie, und sie war bleich und fürchterlich, und versprach, sogleich hierher zu kommen und Verabredung mit uns zu treffen für die Maskerade.

Ranzau. Entschieden wird's zu Eurem Verderben, wenn Struensee sie versöhnt!

Köller. Wie kann er das?

Ranzau. Durch herzliche Offenheit, die ihm eigen ist. Baut nur auf den Haß eines Weibes, deren Haß in Liebe wurzelt!

Köller. Liebeshaß soll ja der stärkste sein!

Ranzau. So lang' er dauert; ein Sonnenblick verwandelt ihn!

Köller. Guldberg!

Ranzau. Guldberg!

Dritte Scene.

Guldberg (aus der offnen Thür der Königszimmer tretend) — die Vorigen.

Köller. Ist der König überzeugt und entschlossen?

Ranzau. Zur Entlassung Struensees entschlossen?

Köller. So sprecht doch!

Ranzau. Ihr schweigt?

Guldberg. Herr Graf, wenn der König von Dänemark überzeugt und gegen Struensee entschlossen wäre, dann wäre das Wort „Entlassung" ein mattes, des Königs von Dänemark unwürdiges Wort —

Köller. Er ist also nicht entschlossen? —

Guldberg. Denn Struensee, der Gnade des Königs entrückt, hätte Anklage auf Leib und Leben zu bestehn.

Köller. Der König ist also noch nicht entschlossen?
Ranzau. Der König hält ihn also noch?
(Kurze Pause.)

Guldberg. Der König ist noch nicht entschlossen.

Köller. So wird er's nie, und wir müssen allein handeln, oder wir selber sind verloren.

Guldberg. Oberst Köller wird in des Königs Angelegenheit nicht ohne unsers Königs Willen handeln, so lange Ove Guldberg es verhindern und ein dänischer Mann die heilige Achtung für seinen König aufrecht halten kann.

Ranzau. Das ist ganz richtig.

Köller. Was ist das, Guldberg! Ihr verlaßt uns im entscheidenden Augenblicke, nachdem Ihr vor kaum einer Stunde hier auf derselben Stelle als Verbündeter zu uns getreten — o Herr Ove Guldberg, das ist dänisch!

Guldberg. Wißt Ihr, was dänisch ist, Herr Edelmann aus Pommern, der sein Glück in Dänemark sucht? Lernt es erst, um Euer Glück zu finden. Ich schwieg und warnte Euch, ehe Struensee reif war zum Sturze; denn ich bin vorsichtig und wortkarg, weil ich ein Däne bin, und ich liebe das hohle Stürmen und Phrasenmachen nicht, wie — Ihr! Aber, mein Herr, wo ich hintrete nach reiflicher Ueberlegung, da bleib' ich stehn, stieg' die Gefahr bis an mein Haupt.

Ranzau. Das thut der Deutsche auch, mein Herr.

Guldberg. So zeigt, daß er's politisch thut. Die Sache liegt, wie folgt: der König schritt hastig in sein Gemach, und warf sich in einen Sessel. Halb schien er erschöpft, halb schien er aufgeregt zu sein, aber sein leidender Kopf war merkwürdigerweise ungewöhnlich frei: im Laufe einer halben Stunde verließ ihn nur zweimal und immer nur eine Minute lang die rüstige Kraft des Geistes. Sein ganzer Sinn war offenbar auf den Herzenspunkt, auf die Königin und Struensee gerichtet; aber nicht mit einem Worte sprach er ihn aus, nur sein Blick war oft minutenlang unverwandt auf das gegenüber hängende Bild der Königin gewendet, und seinen Sohn, den Kronprinzen, ließ er holen. Er betrachtete ihn lange Zeit, und richtete Fragen an ihn. Dadurch wurde sein Herz auffallend erweicht; was ich nie erlebt: — der König weinte und preßte sein Kind in tiefer Rührung an sein Herz. Seine gute Meinung für die Königin schien gesiegt zu haben, und als der Kronprinz das Zimmer verließ, und der König ihm Grüße auftrug für seine Mutter, da gab ich unsre Sache verloren. Es entstand eine Pause. Endlich stand der König auf, und ich erwartete, entlassen zu werden. Er befahl aber, daß die Königin Witwe Juliane zu ihm gerufen werde, und gebot mir, ihm Struensee zu schildern, wie er mir und den Dänen erschiene. Dies war der entscheidende Augenblick: die Königin Witwe, Todfeindin der Königin Mathilde und Struensees, war erwartet, die nachtheiligste Schilderung unsrer Gegner stand also dem Könige bevor. Meine Schilderung brauchte nur eine einleitende und andeutende zu werden. So hielt ich sie. In Sachen der Politik klagte ich Struensee unumwunden an, im — Uebrigen wagte ich nur vorsichtige Worte, und Worte, die immer nur Struensee trafen. Aber selbst diese wurden oft von einer unwilligen Handbewegung des Königs unterbrochen. Ich konnte nicht unterscheiden, ob der Unwille Struensee galt, oder meiner Bemerkung. Da ward die Königin Witwe gemeldet, und der König entließ mich mit den Worten: Beweis't oder schweigt! — Dies ist der Hergang, und wo sind unsere Beweise? (Pause — Guldberg geht an des Königs Eingangsthür und blickt hinein. Zurückkommend sagt er:) Die Königin Witwe ist noch bei ihm; aber sie wirkt schwerlich günstig für uns, denn der König mißtraut den Beweggründen ihrer Feindschaft. (Während dieser Worte ist Lorenz eingetreten.)

Vierte Scene.

Lorenz — die Vorigen.

Ranzau. Still! Struensees Prediger!

Köller. Zum Henker!

Guldberg. Was horcht Ihr? Was wollt Ihr? Was habt Ihr gehört?

Lorenz. Graf Struensee sendet mich —

Guldberg. Zu wem? Was habt Ihr gehört?

Lorenz. Verzeiht, Herr, wenn ich Euch störe. Gehört hab' ich nichts, ich suche die Gräfin Gallen.

Guldberg. Aha. Er will capituliren.

Lorenz. O spottet nicht, Ihr Herren von Macht und Rang! Gott schickt seine Prüfungen und Strafen auch in diejenigen Häuser, vor denen Zuversicht und weltliche Herrlichkeit Wache steht. Mein armer Friedrich ist ein trauriges Beispiel dafür. Noch heute Morgen war er voll Zuversicht, und jetzt am frühen Abende schon ist Entsagung allein sein Trost —

Guldberg. Will er entsagen? Will seine Stelle niederlegen?

Lorenz. Das weiß ich nicht, Herr!

Ranzau. Das soll er thun, das rettet ihn!

Lorenz. Das Alles weiß ich nicht: ich weiß nur, daß sein frischer Sinn gedämpft, sein Vertrauen gebrochen ist. Sonst spottete er über die Erbsünde der Welt, jetzt widerspricht er nicht mehr, wenn ich sie nenne. Ach armer Friedrich, und Du weißt noch nicht, wie Schmerzliches Deiner harrt aus meinem Munde!

Guldberg. Und was, Prediger?

Ranzau. Was?

Lorenz. Ueberbildung trieb meinen armen Vetter früh zum Unglauben. Leute, welchen der große Gott ungewöhnliche Denkfähigkeiten im Geiste bewegt, sehen den

Wald vor Bäumen, Gott vor den Thaten Gottes nicht. Sie werden ungläubig wie die Kinder, d. h. sie werden abergläubisch. Also Struensee. An seine Mutter, an das Leben derselben knüpfte er wie ein Heide sein Geschick, und vermaß sich oft: so lange die Mutter ihm lebe, sei das Glück an ihn gebannt. Frevelhaftes Gedankenspiel! Seine Mutter, meine theure Schwester —

Guldberg. Ist todt —?

Lorenz. Ist heute vor neun Tagen plötzlich vom Schlage gerührt worden — es ihm tröstlich mitzutheilen, kam ich nach Kopenhagen.

Guldberg. Und er weiß es noch nicht?

Lorenz. Noch nicht —

(Pause.)

Guldberg (nimmt ihn bei der Hand). Verschont ihn noch mit der Nachricht, bis wir Euch sagen, daß er sie vertragen kann!

Lorenz. Ihr?

Guldberg. Und was sollt Ihr bei der Gräfin Gallen?

Lorenz. Ich soll sie um eine Unterredung beschwören vor Beginn des Maskenballs —

Guldberg. Ganz recht. Und ich werd' Eure Bitte befürworten; wir erwarten die Gräfin hier; tretet hier in das Vorzimmer des Königs, ich werd' Euch rufen, wenn sie kommt.

Lorenz. Gott behüte Euch vor Spott!

Guldberg. Das möge er — tretet dort weiter hinüber ans dritte Fenster, würdiger Mann! (Lorenz ist eingetreten, Guldberg zurück.)

Fünfte Scene.

Guldberg — Ranzau — Köller.

(Leise.)

Ranzau. Was habt Ihr vor mit ihm?

Guldberg. Er soll die Gräfin Gallen sprechen, und diese soll Struensee die Unterredung bewilligen —

Ranzau. Das glaubt Ihr wagen zu können?

Guldberg. Gewiß. Mit Hülfe der Gräfin allein ist er zu fangen. Hier auf dieser Stelle sei die Unterredung. Durch die Thür dort, welche zum König führt, bringt jedes Wort, das er spricht. Und daß er Herz und Geist immer auf der Zunge trägt, wissen wir Alle. Daß er der Gräfin gegenüber, die er versöhnen will, all seine besten Gedanken in Bewegung setzt und sein Herz ausschüttet, das ist vorauszusehn — wird da nicht auch zum Vorschein kommen, was wir brauchen?

Ranzau. Und Ihr hofft, der König werde in seinem Vorzimmer zuhören?

Guldberg. Der König horcht nicht, das ist seiner unwürdig. Aber kann er nicht, ohne zu horchen, das Nöthige erfahren? Das Bild seines Vorfahren Christian II. hängt in jenem Zimmer, hier dicht an der Thür, und fast täglich bleibt er vor diesem Bilde stehn — die geringste passende Bemerkung wird ihn heute dazu veranlassen. Und sein Geist wacht immer auf, wenn Struensee spricht. Mißlänge aber dies Alles, werd' ich nicht hören? Glaubt Ihr, ich sei thöricht anständig wie ein Deutscher, wenn es sich um Wohl und Wehe meiner selbst, meines Königs, meines Vaterlandes handelt? O nein. Und was ich höre, erfährt der König, und was er erfährt, das bekräftige ich jetzt, da sich's um die Entscheidung handelt, mit meinem Eidschwure, und meinem Eidschwure glaubt der König, ich hab' ihn nie belogen. (Er geht nach der Thür zur Königin.) Die Gräfin kommt!

Ranzau. Ich gehe; dies sind nicht meine Wege.

Köller. Aber Vetter!

Guldberg. In Liebe und Freundschaft wolltet Ihr den Despoten stürzen!

Ranzau. In ehrlichem ritterlichen Kampfe soll er besiegt und gebessert werden. (Ab.)

Köller. Ihr verlaßt uns, Vetter?

Guldberg. Er verräth uns allenfalls!

Köller. Nimmermehr! Das thut kein Ranzau, und den Sturz Struensees wünscht er wie Ihr und ich —

Guldberg. Die Entlassung Struensees wünscht er, sonst nichts! Habt Ihr's vorhin nicht vernommen? Will man nicht mehr, so begnügt man sich wol auch mit einer kleinen Beschränkung in Struensees Machtvollkommenheit — ist dies unser Endziel, Obrist Köller?

Köller. Nein.

Guldberg (laut). Dreimal nein. Verschwinden soll (nach des Königs Zimmer sehend und die Stimme senkend) Struensee aus diesem Königshause für immerdar, verschwinden soll er für immerdar aus dem Reiche Dänemark, verschwinden soll er aus der Welt! Dies ist mein Ziel, darnach tracht' ich seit Jahren, dafür bin ich zu Euch getreten, dafür wag' ich meinen Kopf!

Köller. Ich auch.

Guldberg (sich umsehend). Die Gräfin sieht uns zu und harrt! Eilt dem Grafen Ranzau nach, und verhindert ihn, mit der Königin zu sprechen. Darin läge Gefahr für uns. Noch besser: sucht rasch eine Kunde an die Königin zu bringen — aber wie geschieht das am besten? Durch einen Pagen? —

Köller. Durch eine holstein'sche Dame, die das Maskenkleid der Königin besorgt —

Guldberg. Die ist Euch zu Willen —?

Köller. Sogleich!

Guldberg. Vortrefflich — und sie wird jetzt zur Königin eintreten, denn es ist Zeit für den Putz — also! Aber unter welchem Vorwande die Königin hierher bringen? Denn Alles gewinnt an Leben, wenn sie zwischen Struensee und die Gräfin tritt, und Struensee wird dann zu den unzweideutigsten Aeußerungen getrieben! Unter welchem Vorwande? Das Wahrste ist das Nächste, und das Nächste ist das Wirksamste — laßt der Königin die Wahrheit sagen!

Köller. Wie?

Guldberg. Die blanke Wahrheit! Struensee und

die Gräfin hätten hier im Marmorsaale eine leidenschaftliche Unterredung, und Guldberg behorche sie in des Königs Zimmer, und der König sei neben Guldberg! Dann eilt sie herbei, um zu hindern, daß Struensee Verfängliches rede. So sei's! Und eilt!

Köller. Und Ihr wagt es, Euch solche Blöße vor der Königin zu geben?

Guldberg. Guter Freund, Struensee stürzt nur durch die Königin und nur mit der Königin — sie also mag mich kennen und hassen. Siegen wir nicht, so sind wir doch verloren, und siegen wir, so ist sie unmächtig. Also vorwärts!

Köller. Ihr versteht Euch besser darauf und ich folge Euch. (Ab.)

Sechste Scene.

Guldberg — Gräfin Gallen — später Lorenz.

Guldberg (an die Thür zur Königin gehend und sprechend, ehe man die Gräfin sieht). Verzeiht, gnädige Gräfin, daß Ihr einen Augenblick habt harren müssen! (sie tritt ein) Ich möchte Euer Verhältniß mit Obrist Köller nicht in Verbindung bringen mit unsern Plänen, so lange Ihr dies nicht selber wollt. Deshalb empfange ich Euch allein.

Gallen. Ich danke Euch dafür.

Guldberg. Bei der Seelenstärke, die Euch eigen ist, darf ich voraussetzen, daß Euer gefaßter Entschluß nicht wankt noch weicht.

Gallen. Das dürft Ihr.

Guldberg. Daß Ihr die tödtliche Beleidigung, welche er Euch angethan, tödtlich vergelten wollt.

Gallen. Das will ich.

Guldberg. Und ich werde dafür sorgen, daß Ihr die Rache nicht nur haben, sondern auch genießen sollt.

Und zwar von Stunde an! Er bittet Euch um eine Unterredung.

Gallen. Der Unverschämte!

Guldberg. Mäßigt Eure Stimme; sein Bote harrt dort Eurer Antwort, und wenn Ihr Eurer Rache eine Freude machen wollt, und wenn Ihr bereit seid, unsre Pläne zu fördern, so gewährt Ihr ihm die Unterredung.

Gallen. Was soll sie helfen?

Guldberg. Er wird Euch um Verzeihung bitten, denn er hat Euch zu fürchten, er wird sich vor Euch erniedrigen, und das ist ein Genuß! Noch mehr! Dort hinter dem Vorhange sind Ohrenzeugen dieses Eures Triumphes, unter ihnen vielleicht der König selbst — so wird diese Unterredung der erste Schritt, welcher ihn unmittelbar zum Rande des Abgrundes führt! Bewilligt Ihr sie?

Gallen. Ich bewillige sie.

Guldberg. Ich danke Euch. (Geht nach des Königs Zimmer.) Würdiger Herr! (Lorenz erscheint und verbeugt sich gegen die Gräfin.) Diese gnädige Dame bewilligt Graf Struensees Verlangen und erwartet ihn hier.

Lorenz. Ich danke Euch, gnädigste Gräfin, und preise mich glücklich, den Weg zur Versöhnung geebnet zu haben.

Guldberg. So eilt mit der Botschaft; und zögert mit der Trauerkunde! Der Graf braucht heute seine Fassung! (Lorenz verbeugt sich und geht ab.) Jetzt, gnädige Gräfin, ein entscheidendes Wort zwischen uns. Ihr seid plötzlich die Hauptperson eines Actes, der über Dänemarks Wohl und Wehe entscheidet. Ihr seid mit den Eigenschaften ausgerüstet, die dazu nöthig sind: Ihr seid tugendhaft, stolz und tapfer. Aber Ihr seid keine Dänin, Ihr seid eine Deutsche, und es ist nicht Vaterlandsliebe, die Euch zum Handeln für Dänemark treibt, sondern es ist verletzter weiblicher Stolz —

Gallen. Was soll das?

Guldberg. Weiblicher Stolz, den ich billige und achte. Gräfin Gallen, wir Dänen werden Euch ewig dankbar sein für Euren Beistand gegen Struensee, aber in so entscheidendem Kampfe, in einem Kampfe, der Menschenleben kosten kann, bedürfen wir einer sichern Bürgschaft von Eurer Seite. Wollt Ihr sie uns gewähren?

Gallen. Ich versteh' Euch nicht.

Guldberg. Hört mich zu Ende. Struensee, der Euer edles Herz betrogen und Eure Würde dem öffentlichen Hohne ausgesetzt, ist ein den Frauen gefährlicher Mann, und in der Tiefe Eures Herzens wohnt Liebe für ihn —

Gallen. Nicht mehr —

Guldberg. In wenig Minuten wird er zu Euren Füßen sein und all seine verführerische Ueberredungskunst aufbieten, Euch zu versöhnen! Ihr seid eine starke Frauenseele, und dennoch ist's möglich, daß Ihr seinem Zauber weicht und ihm vergebt —

Gallen. Das ist nicht möglich.

Guldberg. Dafür bedürfen wir eben einer Bürgschaft von Euch!

Gallen. Welcher?

Guldberg. Sie ist schwer zu bestimmen, wenn Ihr auch dem freigeistigen Firlefanz Struensees jemals Euer Ohr und Herz geöffnet habt, wenn Ihr nicht mehr an einen einigen Gott glaubt, an unsern ewigen großen Gott, der unsre Herzen und Nieren prüft und uns tödtlich straft, sobald wir bei seinem Namen lügen — so sprecht, war't Ihr auch darin Struensees, oder seid Ihr Gott treu geblieben?

Gallen. Darin war ich niemals Struensees; der einfache Glaube meiner Vorfahren ist auch der meine.

Guldberg. Und der Eidschwur ist Euch heilig?

Gallen. Heilig wie der Schooß meiner Mutter, wie der Glaube an Gottes Barmherzigkeit.

Guldberg. Nun, ein Eidschwur ist die Bürgschaft, welche wir von Euch heischen. Schwört in meine Hand bei Eurer Mutter Schooße, schwört bei Gottes Barmherzigkeit, daß Ihr von diesem Augenblicke an Alles thun wollt, was noth ist zu Struensees Untergange, daß Ihr ihm verhehlen wollt, was ihn retten könne, Euer Herz mag dabei jubeln oder leiden! Schwört!

Gallen. Gemach! Bürgschaft für Bürgschaft! Was versprecht Ihr?

Guldberg. Struensees Untergang, ja, Struensees Tod! Eid für Eid — mit diesem Handschlage empfangt den meinigen; mit Gefahr meines Lebens werd' ich ihn halten, das schwör' ich Euch bei Gott, der Meer und Land von einander hält zum Bestehen Dänemarks! Und Ihr?

Gallen. Ich schwöre Euch, in alle Wege den Untergang Struensees zu fördern.

Guldberg. Und Gottes Fluch gebrochnem oder nur verletztem Eide!

Gallen. So sei's.

Guldberg. Drauf Eure Hand!

Gallen. Hier ist sie.

Guldberg. Es lebe Dänemark, nun wird es frei! — Jetzt mag der Falsche vor Euch heucheln —

Gallen (zusammenschreckend). Er kommt! Ich höre seinen Namen von den Thürstehern rufen.

Guldberg. Nun rasch die Uebereinkunft! Preßt ihm die Wahrheit aus dem Herzen! Ein Wort von seiner Liebe für die Königin erwirbt uns seinen Kopf. Und reicht's nicht aus, giebt ihn der König noch nicht auf —

Gallen. Die Thürsteher am Ballsaale rufen seinen Namen, er ist ganz nahe, eilt —

Guldberg. Dann entscheide der Maskenball! Euer Costüm ist bereit, und nicht zu unterscheiden von dem der Königin?

Gallen. Nicht zu unterscheiden — er tritt aus dem Ballsaale, eilt!

Guldberg. Seht, wie nöthig der Schwur war! Ihr zittert wie Espenlaub, da er sich naht (gehend) — seid doch ein Weib! — Gott straft Euch, wenn Ihr wankt! (In die Thür zum Könige ab.)

Siebente Scene.

Gallen — Struensee.

Gallen. Er hat Recht, und ich will die Schwäche überwinden!

Struensee (nahe zu ihr tretend). Gnädige Gräfin, Ihr zürnt mir! Und mit Recht.

Gallen. Faßt Euch kurz, Graf Struensee; es ist Zeit, an den Maskenanzug zu gehen.

Struensee. O meine Bitte ist kurz, sie lautet nur: verzeiht mir!

Gallen. Was soll ich Euch verzeihn?

Struensee. Nicht also, Gräfin! Euer Blick und Euer Ton sind hart, und Euer Wort ist schneidend. Wenn Euer Herz nicht für mich spricht, so hab' ich nichts zu hoffen.

Gallen. Mein Herz? Fürwahr, Ihr müßt mir ein schwächlich Weiberherz zutrauen, um so zu sprechen!

Struensee. Ein großes Herz trau ich Euch zu. O Gräfin, denkt unsrer traulichen Gespräche draußen zu Hirschholm am stillen Waldsee im grünen Schatten der Buchen! Mit welch einem großen Sinne folgtet Ihr meinen Gedanken und Plänen, ja Ihr erhobt sie und durch Euch wurden sie veredelt! Das Werk der Reform Dänemarks, es ist zur schönen Hälfte Euer Werk. Und um ein Miß= verständniß wendet Ihr nun unserm Werke und wendet mir den Rücken!

Gallen. Ein Mißverständniß! Wie Euch der Hof gebildet! Welch ein höflich und vieldeutiges Wort, ein Mißverständniß!

Struensee. Es ist das rechte Wort! Wir haben unsre herzliche Neigung für einander verkannt: sie war nicht angethan, um in schwierigem Augenblicke und beiläufig und auf Commandowort in ein alltäglich Ehebündniß eingesargt zu werden. Denn ich schwör's Euch, Gräfin Mathilde, die

Scene, welche heute an dieser Stelle sich ereignete und mein Herz so schmerzlich berührt hat wie das Eure, sie hätte nimmer stattgefunden, wär' einer andern Dame Hand in die meinige gelegt worden.

Gallen. Das glaub' ich ohne Schwur!

Struensee. Ihr irrt! Einer mir gleichgültigen Frau hätt' ich mich in solchem Augenblicke nicht entzogen! Genug. Eure Stimmung ist gereizter als ich Eurer Seele zugetraut. Vielleicht hilft uns die Zeit!

Gallen. Wem gehört die Zeit?!

Struensee. Wohl wahr. Auch hab' ich verzichtet auf die Ideale meines Herzens. Kopf und Herz zugleich in poetischer Weise zu befriedigen, das ist dem Menschen nicht gestattet. Ein Reich regieren nach eignem Sinne und Lieb' und Freundschaft höchster Art dabei zu pflegen, zu genießen — das ist den Göttern vorbehalten. Uns ist nur Glück beschieden im Entsagen, und ich will entsagen!

Gallen. Wie?

Struensee. Betrachtet meine Laufbahn und mein Ziel! Liebe für die Menschen hat mein Sinnen und Trachten geleitet; Drang nach Gerechtigkeit und billiger Freiheit für Jedermann, denn Jedermann trägt Gottes Stempel, hat meine Maßregeln geschaffen — was find' ich am Ziele? Jedermann fühlt sich beeinträchtigt von mir und steht gegen mich auf. Der Bauer, welchen ich von der Scholle befreit, murrt, daß ich nicht mehr gethan, der Bürger, welchem ich Selbstständigkeit neben dem Adel verliehen, schilt und lärmt, daß ich ihn nicht aller Verpflichtung enthoben, der Soldat, welchem ich die sklavische Disciplin gelös't, wendet die Waffen gegen mich, weil ich ihn nicht unabhängig gemacht, der Priester, welchen ich zu erheben getrachtet dadurch, daß ich seine Dogmen vernunftgemäß zu begründen heischte, er flucht mir, weil ich das Herkommen gestört, der Adel, welchem ich Bildung und Billigkeit lehren, welchen ich dadurch in Geist und Wahrheit zu edler Ueber= legenheit erheben gewollt, er verschwört sich gegen mich, weil ich ihn nicht um jeden Preis allmächtig gelassen — was blieb mir? Der König und das Weib! Der König, weil meine Persönlichkeit wohlthätig auf ihn wirkt; das Weib, weil das Weib großmüthig ist, uneigennütziger als der Mann, und mehr nach der Absicht richtet als nach dem Erfolge, weil das Weib liebt. Und jetzt? Jetzt verläßt mich auch das Weib, denn ihre Eitelkeit ist verletzt, und der Eitelkeit opfert sie all ihre Vorzüge. So find' ich das Ziel, Gräfin Mathilde! Alles ist nichtig und eitel geworden, woran ich mein Hoffen und Schwärmen, mein Sinnen und Trachten und Handeln, woran ich mein Leben gesetzt, Alles, Alles ist eitel und nichtig geworden, und Ihr wundert Euch, daß ich dem Ideal meines Lebens entsage? Mir ist's ein Wunder, daß ich's nicht längst gethan. (Er entfernt sich von ihr; Guldberg ist sichtbar hinter dem Vorhange.)

(Kurze Pause.)

Gallen (für sich). Er ist edler als ich, und beschämt mich tief! — (laut) Und wohin wollt Ihr Euch wenden, wenn Ihr entsagt?

Struensee. Wie habt Ihr Euch verändert in der Schule dieser Dänen! Meinen Idealen entsag' ich, meinem Amte nimmermehr!

Gallen. Weh Euch!

Struensee. Ja wohl, weh mir, denn ich erfülle nur noch meine Pflicht, der Zauber meines Lebens ist dahin. Aber dafür bin ich ein Mann, daß ich aushalte in dem, was ich begonnen, daß ich einstehe mit Leib und Leben für das Trachten meines Geistes. Wenn ich dann unter= liege, dann unterliegt ein Minister Struensee, aber Struensees Geist bleibt unbeschädigt, und der Geist ist ewig! Früh oder spät erfüllt er mit seinem Odem dies Königsschloß, und wirkt über Land und Meer, und diejenigen, welche mich gestürzt, werden geächtet von der Geschichte Europas!

Gallen (für sich). Und er hat Recht, und wir sind klein neben ihm.

Struensee. Gräfin Mathilde! Ich seh's, Ihr steht

bei meinen Feinden! O Gott, das schmerzt mich tief! Nicht weil meine Feinde dadurch wachsen, nein, weil ich eine Freundin, meine beste Freundin verloren. Und Euch bringt es kein Glück, Ihr kämpft gegen Euer bestes inneres Wesen, Ihr verliert Euch, indem ich Euch verliere! Arme Mathilde!

Gallen (sich nach Guldberg umsehend, der bei dem Worte „Mathilde" wieder einen Augenblick den Vorhang erhoben). Nicht diesen Namen, Struensee! (Man hört Musik.) Verlaßt mich, der Ball beginnt!

Struensee. Warum nicht diesen Namen? Laßt mir gepeinigtem Manne den Namen Mathilde, den Namen, der bis daher Alles in sich schloß, was mir werth und heilig ist auf Erden!

Gallen (für sich). Ich verletze meinen Schwur, wenn ich ihn unterbreche — und doch treibt mich mein Herz dazu!

Struensee. Ich fürchte mich nicht, Euch mein Herz zu enthüllen! Wenn Ihr auch bei meinen Feinden steht, Ihr mißbraucht meines Herzens Geheimnisse nimmermehr!

Gallen. Um Gottes willen, Struensee!

Struensee. Ja, was ich Euch nicht sagen konnte, so lange Ihr in meiner liebevollen Freundschaft für Euch nur Liebe suchtet, Liebe zwischen Mann und Weib, das kann ich Euch jetzt gestehen, seit Ihr mich aufgegeben, seit Ihr mich zu hassen glaubt. Erkennt darin, Mathilde, welch ein edles Herz Ihr habt! Ich, den Ihr zu hassen glaubt, kenne Euer Herz und vertraue ihm das wichtigste Geheimniß meines Lebens —

Gallen. Haltet ein! (für sich) Gerechter Gott, ich darf ihn nicht verhindern! Und sie hören ihn!

Struensee (sie bei der Hand fassend). 's ist ein Geheimniß, welches den Kopf verwirkt, sobald es an ein unrechtes Ohr schlägt, und diese Gefahr, Mathilde, ist der unsägliche Reiz daran, und diese Gefahr, Mathilde, treibt mich mit unwiderstehlicher Gewalt, es gerade Euch anzuvertrauen, Euch, die mich darum verlassen hat —

Gallen. Laßt meine Hand los, Struensee, ich bin des Todes —!

Struensee (sich besinnend, langsam). Wär't Ihr schwächer, als Ihr in meinem Herzen steht?

Gallen. Schwach. Struensee, schlimmer noch als schwach — rachsüchtig, meineidig, o mein Gott! (Sie verhüllt ihr Gesicht.)

Struensee. Ich verstehe Euch nicht, Mathilde — Du heißt ja Mathilde. Mathilde! In diesem Namen liegt ja Alles! O laß mir die süße Genugthuung, meinen Kopf in Deine Hand zu geben dafür, daß Du mich verlassen hast. Diese Strafe lehre Dich, daß ich Deine Feindschaft nicht verdient. Ja, Mathilde, ich liebe! —

Gallen. Du tödtest Dich und mich, Struensee!

Struensee. Nein, Liebe belebt! Mit meiner Liebe im Herzen gehe ich wie auf sonnenbeschienener Wolke über Schwerter und Verwünschungen meiner Feinde dahin, denn die Frau, welche ich liebe, sie ist — (aufschreiend, da die Königin hastig eintritt) die Königin!

Achte Scene.

Die Königin — die Vorigen.

Gallen (aufschreiend, ohne die Königin zu sehn). Die Königin! Du bist verloren!

Königin. Struensee! Was thut Ihr? (Bei den Worten Struensees „welche ich liebe" hat Guldberg den Vorhang weit zurückgeschoben und rückwärts nach des Königs Zimmern geblickt. Bei dem Worte Struensees „die Königin" tritt der König an die Schwelle.)

Gallen (sich umblickend, und nach vorn eilend wie flüchtend). Die Königin!

(Pause.)

Neunte Scene.

König tritt ein, hinter ihm Guldberg — die Vorigen.

Königin (den König erblickend und zusammenschauernd). Der König steht hinter Euch!

Struensee (für sich). Bin ich von Sinnen? (Er wendet sich langsam um.) Der König! — (Auf ihn zueilend.) Mein König und Herr!

Guldberg (zwischen ihn und den König tretend). Zurück! Niemand berührt des Königs Hand, bis er's befiehlt!

Struensee. Verwegner Däne! (Den Degen ziehend und auf ihn eindringend.) Wer zwischen mich und meinen König tritt, ist des Todes!

{ **Königin.** Struensee!
{ **Gallen.** Struensee!

Guldberg (einen Schritt bei Seite tretend und seinen Degen ziehend). Majestätsverbrecher!

Struensee (des Königs Hand ergreifend und küssend). Mein König vergiebt die blanke Waffe, wenn sie zu ihm den Weg mir bahnt! (Er bleibt vor ihm auf den Knieen.)

(Pause.)

König (betrachtet die Anwesenden, und legt dann die freie Hand auf Struensees Haupt).

Guldberg (dabei zusammenzuckend, geht rasch über die Bühne zur Gräfin, ergreift deren Hand und sagt halblaut). Ihr brecht Euren Schwur! Ich aber halte meinen: Er fällt in dieser Nacht, oder Ihr selber sterbt, meineidige Frau, von meiner Hand!

(Vorhang fällt rasch.)

Fünfter Act.

Der Vorhang ist offen, und der dahinter liegende Theil des Theaters glänzend erleuchtet. Man hört in einiger Entfernung von rechts kommend Tanzmusik, und sieht hinten Masken hin und wieder über die Bühne gehn.

Erste Scene.

Köller (in Tempelherrn-Mantel gehüllt, mit Tempelherrn-Mütze bedeckt, steht links am Vorhange unbeweglich) — Guldberg (als Skalde*) gekleidet, kommt aus des Königs Zimmer und will nach hinten — Köller tritt ihm einen Schritt entgegen).

Guldberg. Euer Wort?
Köller. Dänemark!
Guldberg. Seid Ihr's, Oberst?
Köller (ein wenig den Mantel zurückschlagend, unter welchem man die gewöhnliche Soldatentracht sieht). Ich bin's.
Guldberg. Er ist da?
Köller. Er ist da.
Guldberg. In welcher Maske?
Köller. Als deutscher Herr!
Guldberg. Der freche deutsche Herr!
Köller. Wie steht's?

---

*) In weißen Gewändern, Eichenlaubkranz im Haar, Schwert um die Hüfte. Für die Darstellung auf dem Theater sind für ihn und Ranzau Dominos vorzuziehen.

Guldberg. Schlecht.

Köller. Ist die Königin nicht dazu gekommen?

Guldberg. Leider ja! Diese Ueberspannung des Bogens hat uns den Schuß verdorben! Er war im schönsten Zuge seiner kindischen Herzlichkeit, und als der König bis an die Thür gekommen war, gestand er eben der Gräfin, daß er liebe, eine Minute durfte die Königin noch zögern, so war das ganze Geständniß vor den Ohren des Königs ausgesprochen und sie sammt ihm verloren —

Köller. Nun? Er stockte?

Guldberg. Nein! „Die Frau, welche ich liebe", rief er, „ist — die Königin."

Köller. Sprach's also aus!

Guldberg. Unnütz — wie vom Blitz getroffen trat der König hinaus, und sah, daß die Königin eben eingetreten war, und daß der Zusatz „die Königin" blos ein Ausruf bei ihrem Erscheinen gewesen war.

Köller. Hat dieser Plebejer Glück!

Guldberg. Und ist er verwegen! Der König mußte doch wenigstens schwanken, und es galt, ihn vor jeder körperlichen Berührung Struensees zu schützen, da diese so hexenmäßig auf ihn wirkt.

Köller. Auch dies mißlang?

Guldberg. Auch dies — der deutsche Herr erzwang sie gegen mich mit blankem Degen.

Köller. Neben dem König?!

Guldberg. Umsonst! Einmal des Königs Hand in seiner achtete der König auf kein Vergehn, und Alles war vergessen.

Köller. Weh uns!

Guldberg. Ja wohl! Doch weh auch ihm! Ich stech' ihn nieder wie ein Thier, wenn er noch einmal im entscheidenden Augenblicke den König berühren will!

Köller. Wie soll aber nun, da der König noch immer für ihn, der entscheidende Augenblick herbeigeführt werden? Meine Vorbereitungen sind alle getroffen; ich kann nicht zurück

— jeden Augenblick kann der Kanonenschuß vom Zeughause donnern zum Signale, daß Brandt überwältigt und daß die Nothwendigkeit zum Handeln gegen Struensee gekommen ist. Er wird den Schuß hören, und geschieht nichts gegen ihn, so sind wir verloren.

Guldberg. So ist's.

Köller. Und weiter?

Guldberg. Weiter nichts.

Köller. Daß Euch die Pest! Ihr steckt blos in Intriguen, und zieht den Kopf wohl aus der Schlinge, ich aber hab' gehandelt als Soldat und ohne Ordre, mich kostet's Kopf und Kragen.

Guldberg. Ja wohl! (Pause; Köller greift an seinen Degen.) Schließt Euren Mantel, man kommt aus der Königin Zimmern! (Ranzau kommt aus der Königin Gemächern und geht hinten rechts ab.) Wer ist's?

Köller. Weiß ich's!

Guldberg. Von der Königin kommend! wo ist Ranzau?

Köller. Weiß nicht.

Guldberg. Giebt's keine Schlacht, und ist Euer Degen so locker, Herr Tempelherr, so zieht ihn doch in einem Corridor gegen den deutschen Herrn, dann ist doch ein Zweck erreicht und Ihr könnt dem Kriegsgerichte, das Euer wartet, was Rechtschaff'nes erzählen!

Köller. Ove Guldberg!

Guldberg. Höret ihn. — Der König ward überwältigt, aber er ist nicht mehr für ihn, wenigstens wühlt das Mißtraun und der Argwohn wie ein Heer von Schlangen in seinem Busen. Er hat den holstein'schen Prediger, Struensees eignen Vetter, rufen lassen. Das Evangelienbuch soll er mitbringen! rief der König. Was er mit ihm vorgenommen, weiß Gott! Ich wußte, daß ich nicht mehr zögern durfte: auch ich habe Kopf und Kragen eingesetzt, und dem Könige rückhaltlos gesprochen von Struensees Liebe zur Königin: er weiß Alles, und ich habe die

Fünfter Act, erste Scene.

Wahrheit zu verantworten. Hier ist der offne Königsbrief, den Verbrecher vor hochnothpeinliches Gericht zu schleppen; nur der Name des Verbrechers ist noch auszufüllen: er lautet Struensee, wenn es gelingt, was für die nächste Stunde vorbereitet ist, er lautet Guldberg, wenn es mißlingt. Seid Ihr beruhigt?

Köller. Ach was! Ob ich allein oder in Gesellschaft zu Grunde gehe, ist Nebensache, was ist vorbereitet?

Guldberg (leise). Der König weiß (sich umsehend) still! Das ist der deutsche Herr?

(Struensee geht hinten nach rechts vorüber.)

Köller. 's ist Struensee, der vom Gardensaale kommt, er wird einen neuen Boten ausgeschickt haben, warum Brandt nicht komme!

Guldberg. Und dieser Bote?

Köller. Wird die alte Antwort bringen: Er solle unbesorgt sein, und den Grafen Brandt unter den Masken suchen. Also! Der König weiß —?

Guldberg. Der König weiß, in welcher Maskentracht die Königin erscheint; in derselben Tracht erscheint aber auch die Gräfin Gallen. Der König ist streng verlarvt und Struensee erkennt ihn nicht; auch die Königin kennt ihn nicht, und er wird nicht ein Wort sprechen. Aber er wird hören. Ein gleichgültiger Mann wird Struensee aufmerksam machen, wie die Königin gekleidet sei, damit er sie zeitig entdecke. Daß er sich an sie schließt, daß er spricht, der herzliche Schwätzer, ist vorauszuwissen. Und da die Königin durch die Gräfin doppelt vorhanden ist, so wird er sie überall finden. Das Schweigen der Gräfin aber, das sie bei ihrem Leben gelobt, wird ihn herausfordern zu leidenschaftlichen Worten — ein einziges ist hinreichend, den König zu bestimmen, denn das Maß ist voll. Ich geleite den König und ich leite die Gräfin —

Köller. Und das ist Alles? Da habt Ihr Recht, es für gerathen zu halten, daß ich ihm in einem Corridor mit dem Degen entgegen renne — gehabt Euch wohl!

Guldberg. Seid nicht voreilig! Wir haben Zeit bis Mitternacht!

Köller. Jeden Augenblick kann der Kanonenschuß vom Zeughause dröhnen, und taub ist Struensee nicht. Ich kann auch meine Soldaten nicht stundenlang in den Schloßhöfen stehn lassen, es fällt ununterbrochen Schnee vom Himmel, die Gewehre werden durchnäßt und versagen im entscheidenden Momente!

(Die Musik hört auf — Masken drängen sich zahlreich hinten vorüber.)

Zweite Scene.

Gräfin (als Undine*) gekleidet) — bald darauf der Eremit (welcher ihr folgt und an den Falten des Vorhanges stehen bleibt) — die Vorigen.

Gräfin (rückblickend). Wer ist der Mann, der sich an meine Fersen heftet? (Sie kommt hastig links nach vorn, ohne im ersten Augenblicke Guldberg und Köller, die rechts auf die Seite treten, zu bemerken.)

Guldberg (leise). Eine Mathilde!

Köller. Welche?

Guldberg. Ich weiß es nicht!

Gallen. O Gott, was bin ich elend! — (Wendet sich gegen die Beiden.) Auch hier beobachtet! Wer ist's? (Sie sieht starr auf beide — kurze Pause. Auf sie zugehend.) Was wollt Ihr von mir!

Guldberg. Ihr brecht Euren Schwur, indem Ihr sprecht!

Gallen. Weh mir, die Stimme des Henkers!

Guldberg. Des Rächers!

Gallen. Gieb mir meinen Schwur zurück, Mann, ich kann ihn nicht halten!

---

*) Silberschleier, der den ganzen Körper einhüllt; Schilfkrone im Haar.

Guldberg. Sobald Ihr ihn brecht, erscheint Ihr vor Gott, der die Schwurbrüchigen richtet; mein Dolch und meiner Freunde Dolch ist dicht an Eurer Schulter, deß seid eingedenk!

Gallen. Entsetzlich! (für sich, nach links eilend) Der Schatten also, der mich fortwährend begleitet, ist einer meiner Henker! (Der Eremit ist eingetreten während dieser Worte; sie wendet sich und erblickt ihn.) Da ist er! — Ich bin unrettbar verloren! — So will ich den König selber suchen! (Ab, rasch nach hinten rechts.)

Köller. Sie liebt Struensee nach wie vor!

Guldberg. Natürlich!

Köller. Und wofür kämpfe und wage ich dann?

Guldberg. Wofür? Seid Ihr ein Mann? Wogegen? heißt Eure Frage.

Köller. Gegen ihn! Ihr habt Recht. Und ein Zweck soll erreicht werden! (Rasch ab nach hinten links.)

(Die Musik beginnt wieder.)

Guldberg (ihm nach). Der Kanonenschuß sei's Signal! (Rechts ab.)

Dritte Scene.

Eremit (bleibt unverändert stehn) — Königin (als Undine gekleidet aus ihren Zimmern tretend) — Ranzau (in der Bandytstracht rechts von hinten kommend) — bald darauf Struensee.

Königin (entgegenwinkend zu Ranzau). Giebt er nach?

Ranzau. Nein, Majestät. Er will nicht von seinem Platze weichen, und jede Gefahr bestehn.

Königin. Er hat Recht. Verdient Ihr denn auch sein Vertrauen, Graf Ranzau, und — das meinige? Mit unsern Feinden seid Ihr vereinigt gewesen —

Ranzau. Und bin es noch. Ich verrathe sie nicht, ich will nicht Struensee, nur Struensees Leben retten.

Königin. Ihr sagt, es sei bedroht.

Ranzau. Es ist's.

Königin. Ihr übertreibt —

Ranzau. Majestät!

Struensee (als Deutscher Herr gekleidet von rechts hinten eintretend). (für sich) Die Maske hat Recht, sie ist's!

Königin (die Maske vornehmend). Wer kommt? Dies ist sein Wuchs und Schritt!

Ranzau. Er ist's!

Königin. So sprecht zu ihm.

Ranzau (die Larve abnehmend). Wir kennen Euch, Struensee! Verliert keinen Augenblick um Maskenspiel, hört mich und folgt mir flugs. Ich gehöre zu Euren Gegnern, aber ich will Euch wohl! Eure Stellung ist bereits so gut wie verloren und Euer Leben ist bedroht. Vertraut Euch mir an; jetzt noch kann ich Euch aus dem Palaste bringen; sobald das letzte Signal gegeben ist, kann auch ich es nicht mehr. Jenseit der Brücke hält mein Schlitten, er ist bereit, Euch zur Flucht zu dienen; entschließt Euch rasch; vielleicht in wenig Minuten ist es zu spät.

Struensee. Welche Sprache! Aus Furcht vor einer Hofverschwörung soll ich meinen Posten verlassen, die Aufgabe meines Lebens mit dem Rücken ansehn! Und das in vollem Besitze der Macht, des Königs und der Truppen sicher?!

Ranzau. Nicht des einen, noch des andern seid Ihr sicher! Verlangt nicht nähere Angaben von mir! Weil ich Euer Gegner bin, darf ich sie Euch nicht geben, weil ich Euer Gegner bin, durfte ich Euch nicht eher warnen, als bis Euer Leben in Gefahr war. Eure Person ist mir werth und sie will ich gerettet sehen.

Struensee. Welch ein vortrefflich Spiel! Ihr seid ein Meister der Intrigue, Graf von Ranzau.

Ranzau. Struensee!

Struensee. Mit einem Streiche deutscher Gemüthlichkeit würdet Ihr solchergestalt mehr ausrichten, als alle

Ränke meiner dänischen Feinde vermocht haben! Mich vom Kampfplatze verdrängen ohne Schwertstreich! Oh, Herr Landsmann, dies ist das Aeußerste von deutscher Landsmannschaft! Zum Siege geführt hab' ich das deutsche Element in diesem Reiche, und Deutsche, ja fast lauter Deutsche sind's, die aus kleinlicher persönlicher Eifersucht den Sieg zu zerstören suchen! Das ist unsrer deutschen Heimath böser Wurm: jedweder Einzelne will höher stehen als der Zweck des Ganzen und über Hinz und Kunz verschwindet Deutschland! (Er tritt einige Schritte seitwärts und wendet sich ab; kurze Pause.)

Ranzau. Weh uns, daß Wahrheit in diesen Worten liegt. Weh Dir, Struensee, wenn diese Wahrheit Dich zögern läßt. Höre in mir Deinen väterlichen Freund! Hier meine Hand darauf, daß jede Täuschung meiner Seele fremd: das Rohr ist geladen, der Hahn ist gespannt, die Todeswaffe ist auf Dich gerichtet, ein Druck des Fingers und Du bist zerschmettert. Folge mir eiligst, sonst ist es zu spät.

Struensee. Wohlan! Ich wäre ein trauriger Schüler Eurer Politik, wenn ich auf solche allgemeine Drohungen hin mein Spiel verloren gäbe und die Flucht ergriffe. Solche Drohungen sollen aber beachtet werden. Graf Ranzau, ich bin erster Minister Dänemarks, und als solcher laß ich Euch und Eure wahrscheinlichen Genossen auf der Stelle verhaften!

{ Königin. Struensee!
{ Ranzau. Struensee!

Struensee. Ihr kündigt mir selbst an, daß eine Verschwörung gegen mein Leben besteht — ist etwa der Grund nicht hinreichend? Er sei's! Gewalt gegen Tücke! (Geht nach hinten.)

Königin (die Maske abnehmend). Struensee, das ist nicht edel! Graf Ranzau hat um Euer Wohl sich ausgesetzt — (Struensee bleibt stehn.)

Ranzau (zur Königin). So muß denn das Aergste

gesagt sein! Höret mich, Majestät! (Er tritt einige Schritte vor, die Königin folgt ihm, er redet leise.) Ihr seid beim Könige angeklagt, eine sträfliche Neigung Struensees für Euch zu begünstigen —

Königin. O Gott!

Ranzau. Der König ist zum Aergsten entschlossen nicht nur gegen Struensee, auch gegen seine Gemahlin; ein zweideutig Wort genügt, den Entschluß in schreckliche That zu verwandeln. Struensee fällt, in seinem Falle entschlüpft ihm sicherlich dies Wort; drum seinet= und Euretwegen muß er von hinnen! Bewirkt es sogleich! Ich eile durch Eure Gemächer, mich des einzig noch offnen Ausganges für ihn zu versichern! Sorgt, daß er mir unverweilt folge, sonst ist Alles verloren. (Er geht.)

Vierte Scene.

Königin — Struensee.

Struensee. Halt da, Graf Ranzau! Trabanten herbei!

Königin. Struensee, um Gottes willen, hindert nichts! Sonst sind wir verloren!

Struensee. Wir! Was ist?

Königin (sich umsehend). Sprecht leise! Ranzau eilt! (Ranzau rechts ab. Die Königin geht in den Vordergrund; Struensee folgt ihr). Jede Maske kann uns verrathen! Der König fahndet auf Eure Liebe für — erwidert nichts! — auf Eure Liebe für die Königin! Das geringste Zeichen ist Euer Tod, und der Königin Verderben! Sagt nichts, hört mich! Nun müßt Ihr fort! Durch meine Gemächer dem Grafen nach! Der Augenblick muß gewonnen werden. Ich eile zum Könige selbst, und sage ihm die Wahrheit; sie allein kann retten, denn der König ist edel. Lebet wohl, Struensee, lebe wohl! Vielleicht für dieses ganze Leben. (Sie eilt rechts nach hinten ab; kurze Pause, der Eremit ihr nach.)

Fünfte Scene.

Struensee (allein).

Struensee. Meine Gedanken taumeln! Ist es möglich? Mit einem Schlage der stolze Bau meines ganzen Lebens zertrümmert! Sie giebt mich auf! Sie treibt mich selbst hinaus in die Nichtigkeit! — Heiliger Gott! So ist denn Alles hohl, was ich im Herzen genährt, worauf ich gehofft, worin ich geschwelgt habe! Auch dieses Weibes Herz gehört der alltäglichen, der eigennützigen Sorge! Dies Herz, für welches ich zur Schwäche entschlossen war, für welches ich entschlossen war, meine heiligsten Grundsätze zu opfern und die Menschen niederschießen zu lassen wie eine rechtlose Heerde — heiliger Gott, Alles ist hohl, Alles ist nichtig, wofür ich gelebt! Die Landsleute vergessen unser Deutschland über persönlichem Neide, die Freunde vergessen der Freundschaft über dem Ehrgeize. Niemand, Niemand ist uneigennützig, ein ganzes Volk ist undankbar und eines Staates Fehler sind nur in Jahrhunderten, eines Volkes Gebrechen sind niemals zu heilen! Wofür hab' ich gelebt, gewirkt und getrachtet? Für einen Traum meines Geistes, für ein Irrlicht meines Herzens! Heiliger Gott, auch dies Herz schlägt in Lüge, auch sie, auch sie, auch Mathilde denkt nur auf gemeine Sicherheit — ja gemein ist der Mensch, und gemein ist unser Sinn, wie stattlich wir ihn putzen! (Er verhüllt sich das Antlitz — leise.) Wie ein wildes Heer tobt mir's durch Hirn und Adern; ist es Tod, ist es Wahnsinn, der über mich hereinbricht? Ich sehe nichts, ich denke nichts mehr als die Worte: Alles ist eitel! — Fassung! Fassung! (schreiend) Heiliger Gott! Ich komme von Sinnen, und meine Glieder bewegen sich ohne meinen Willen! (Er wendet sich und geht langsam nach hinten.)

Sechste Scene.

Gräfin Gallen (kommt eiligst) — bald darauf **Eremit**; **Guldberg** — **Struensee**.

Struensee (auffahrend bei ihrem Anblick und durchweg außer sich). Nein! Nein! Du kehrst zurück! Die göttliche Seele siegt, die Liebe ist größer als irdische Sorge!

Gallen (vor seinem Anblick erschreckend, zurückprallend, links nach vorn fliehend).

Struensee (ihr nacheilend). Mathilde! Jetzt bist Du wahrhaft Königin Mathilde! Scheue Dich nicht! Unsre Liebe ist größer als alle Macht der Welt! Laß mir Deine Hand! Laß mich zu Deinen Füßen den Jubel meines Herzens in alle Lüfte rufen, daß unsre Liebe ewig sei! Laß mein thränenfeuchtes Auge auf Deiner Hand, es ist der glücklichste Augenblick meines Lebens! (Er beugt sein Haupt auf ihre Hand; unterdeß ist der Eremit dicht hinter sie getreten und Guldberg zur rechten Hand der Gräfin, die Hand am Dolche und Aug' in Auge mit der entsetzten Gräfin. Pause. Die Musik schweigt. Ein Kanonenschuß dröhnt ganz vernehmlich. Struensee fährt zusammen, und sieht halb auf; aber mit dem Antlitz nach dem Publicum und wie geistesabwesend. — Ein rother Domino tritt hinten ein.)

König (im rothen Domino). Was heißt der Schuß?

Struensee (auffahrend). Der König!

Gallen. Der König!

Guldberg. Dies der König? (dem Eremiten nach der Larve greifend) Wer bist Du?

König. Zurück Deine Hand! Mein Gesandter ist's! (zu Lorenz, dem Eremiten) Folge mir, und erfülle, was Du auf's Evangelium geschworen! (zu Guldberg) Harre meines Rufes (zu Struensee) und Du auch! (Er geht in die Thür rechts, Prediger Lorenz, der Eremit, folgt ihm.)

Siebente Scene.

Struensee — Guldberg — Gräfin — Ranzau.

(Pause.)

Guldberg (geht rasch nach hinten links hinaus; er kommt gegen Ende der Scene zurück und zieht die Vorhänge unter dem Bogen herunter, so daß der Raum von den Ballgästen abgeschlossen wird).

Struensee. Wo bin ich? Was ist geschehn? Der Schuß kam vom Zeughause! — Mathilde, hier?!

Gallen (die Maske abziehend). Die falsche Mathilde, die Dich ins Verderben stürzt und mit Dir zu Grunde geht.

Struensee. Was ist das?

Ranzau (aus des Königs Gemächern). Zu spät, Struensee, auch diese Pforte ist besetzt! Wirf einen Domino über, verstell' Dein Gesicht und suche mit den Ballgästen hinaus zu kommen; an jeder Pforte lauert man auf Dich! O, Majestät — wie? Gräfin Gallen im Kleide der Königin?!

Struensee. O, Ranzau, wir stehn an einem Abgrunde von Nichtswürdigkeit!

Gallen. Ja wohl! — Und wir sind alle unglücklich zum Sterben! Verworfen vor Gott in dieser und in jener Welt!

(Pause.)

Achte Scene.

Lorenz (aus des Königs Zimmer) — Guldberg (von hinten eintretend) — die Vorigen.

Lorenz. Staatsrath Guldberg! Des Königs Majestät befiehlt Euch, einzutreten.

Guldberg (leise). Sieg oder Tod! (zu Ranzau) Habt ihn im Auge, daß kein Unglück geschieht, sämmtliche Wachen kennen ihn; wenn er entweichen will, ist er des Todes. (Tritt ein zum Könige.)

Struensee. Vetter Lorenz!

Lorenz. Armer Friedrich!

Struensee. Was hab' ich Dir gethan? Was thust Du mir?

Lorenz. O Gott, das Schrecklichste, und doch konnt' ich nicht anders. Vor einer Stunde ließ mich der König rufen, und sprach zu mir: Schwöre mir, Prediger, daß Du mir treu berichten willst, was Du in nächster Stunde von Struensee hören und sehen wirst. (tonlos) Ich schwor. Dann ward mir dieses Kleid gereicht, und ich mußte Dir folgen auf Schritt und Tritt, und was ich sah und hörte, armer Friederich, hab' ich, meinem Schwur getreu, bekannt.

Struensee (eben so tonlos). Dies ist erschrecklich! (Pause — er ermannt sich.) Sei's drum! Es wird ein schwerer Kampf. Aber ich kann ihn bestehn: in meinem Geiste, in meinem Herzen, in meinen Sehnen sind die Kräfte dafür. Lebt doch meine Mutter noch, an deren Leben mein Wohl gekettet ist wie das Schiff an den Anker!

Ranzau (halblaut). Deine Mutter ist todt!

Struensee (auffahrend). Wer sagt das? — (Pause.) Vetter Lorenz!

Lorenz. Fasse Dich, Friedrich! Diese Nachricht hat mich von Holstein hergeführt!

Struensee (ihn starr betrachtend und nur flüsternd). Todesvogel! — (laut ausbrechend) Allmächtiger Gott, ich bin allein! (sich das Gesicht mit den Händen bedeckend im größten Schmerze) Meine Mutter todt!

(Pause.)

Gallen. Graf Ranzau, helft! Dieser Anblick zerreißt das Herz!

Ranzau. Auch das meine! Fasse Dich, Struensee! Mit meinem Leibe will ich Dich decken!

Gallen. Wir gehen mit Euch, Struensee, bis in den Tod!

Struensee (sich mit Entschiedenheit aufrichtend). Niemand soll mit mir gehn! Dies sei mein wahrer Stolz, der Stolz des Plebejers, den Ihr verrathen habt! Ja, Einer nach dem Andern habt Ihr mich verrathen, weil ich nicht von Eurer Kaste war! Eure Freundschaft, Eure Grundsätze, Eures Herzens Adel, ja Euer deutsches Vaterland habt Ihr verrathen, um mich, des Bürgers Sohn, zu stürzen! Das thatet Ihr! Und darum weis' ich jetzt jeglichen Dienst von Euch mit Entrüstung zurück. Dies ist der Stolz des deutschen Bürgersohnes Struensee. Ich hab' den Sinn erhoben bis zum Höchsten, ja! Nun denn, ich will Euch zeigen, daß mein Sinn die höchste Schreckensprobe auch allein besteht, und daß mein Auge ohne Zucken der blutigen Gefahr, dem Tode selbst, entgegen blickt! — Zurück! Es folge Niemand meinem Schritte! Bis daher hab' ich in diesem Hause geboten, wir wollen sehn, ob meine Stimme plötzlich unbekannt und wirkungslos geworden, und ob die Krieger, welche ich geworben, des Bürgersohnes Wort verstehen werden. (Ab.)
(Pause; von da an Alles schnell.)

Lorenz (fortwährend unverwandt die Gräfin betrachtend). Ich seh's mit Schrecken, Ihr tragt nur das Kleid, Ihr seid die Königin nicht, ich habe falsch gezeugt.

Gallen. Das hast Du, unglücklicher Mann!

Lorenz. Gegen meinen Friedrich!

Gallen. So mach' es gut!

Lorenz. Wie kann ich!

Gallen (hat ihn bei der Hand ergriffen). Eile mit mir zum Könige. (Sie zieht ihn haftig nach des Königs Thür. Aus dieser tritt Guldberg.)

Neunte Scene.

Guldberg — Ranzau — Lorenz — Gräfin.

Guldberg. Niemand gelangt zum Könige! (rückwärts hinein sprechend) Trabanten, braucht Eure Spieße, wenn Jemand einbringen will! (ein Papier hoch haltend) Graf Ranzau! (Während er diesen rechts in den Vordergrund führt, sagt Gräfin Gallen zu Lorenz:)

Gallen (leise). Folgt mir, ich kenne den Eingang zum Könige hinter dem Ballsaale! (Ab mit Lorenz.)

Guldberg (zu Ranzau). Hier ist die Vollmacht! Les't, und handelt unverweilt nach unsers Königs Befehl! (Er übergiebt ihm das Papier und geht an den Eingang zu der Königin Zimmern, hineinrufend:) Hierher an diese Thür, Trabanten, und braucht Eure Spieße, wenn Jemand einbringen will, den ich nicht geleite. (Sie bleiben innen, und der Zuschauer braucht sie nicht zu sehn.) Rottmeister, bescheidet eiligst den Obrist Köller hierher! (Läßt den Vorhang wieder zufallen.)

Ranzau. Peinlich Verfahren gegen die Königin selber?!

Guldberg. Gegen die Königin Caroline Mathilde! Der König überträgt Euch die Honneurs, mir das Verfahren. Und augenblicks soll es geschehen. So beliebe es Euch, die Königin unverzüglich im Ballsaale aufzusuchen und hierher zu bitten; auch den Vorsitzer des höchsten Gerichtes, der an der Schwelle des Saales Eures Winks gewärtig ist.

Ranzau. Guldberg!

Guldberg. Der König befiehlt. — Ich erwarte Euch hier, Graf Ranzau!

Ranzau. Und Struensee?

Guldberg. Kommt erst in zweiter Reihe.

Ranzau. Gott steh' uns Allen bei! (Gehend.)

Guldberg. Das möge er! (Sowie Ranzau gegen den hintern Vorhang kommt, stürmt Köller durch denselben herein.)

Köller. Laßt handeln, Guldberg, sonst kommt man uns zuvor!

Guldberg (mit einer Pantomime auf Ranzau). Still! — Wir handeln! (Ranzau hat einen Augenblick gezögert, und geht nun.)

Zehnte Scene.

Köller — Guldberg.

(Sehr schnell zu sprechen und zu spielen.)

Guldberg (Ranzau nachsehend). Ich trau' ihm nicht. — Was giebt's?

Köller. Struensee, dem ich nirgends begegnen kann, soll überall sein. Ohne Larve zieht er seine und Brandts Freunde um sich zusammen, der ganze Saal ist in Bewegung, die Hände sind an den Schwertern, und von blutigem Ausfall gegen eine der Pforten geht die Rede.

Guldberg. Stehn Eure Truppen nicht fest? Ist das Arsenal nicht unser?

Köller. Das wohl. Aber nach den hinteren Höfen sind unsre Truppen vermischt mit Leuten aus Struensees fliegendem Corps, denen nicht zu trauen ist, und Eichfeldt meldet jetzt, Brandt persönlich habe sich durchgeschlagen, und mehrere Masken, die soeben hastig das Schloß verlassen, hätten sich nach den hinteren Höfen gewendet. Gelingt es ihnen, das fliegende Corps zu sammeln, und drängt Struensee mit den Seinen nach derselben Seite, so bricht er durch. Laßt handeln! Laßt meine Leute mit gefälltem Gewehr in die Säle rücken und ihn lebendig oder todt ergreifen!

Guldberg. Noch nicht. Wir spielen verwegen genug, das aber wäre tollkühn. Noch hängt des Todes Schwert an einem Haare. Ich habe Vollmacht —

Köller. Ihr habt sie?

Guldberg. Nur Vollmacht, ihn zu ergreifen, wenn die Aussage der Königin ihn bloßstellt.

Köller (auflachend). Der Königin, die ihn beschützt!

Guldberg. Still! Das ist meine Sorge. — Ans Werk! Sobald die Königin in diesem Saale, eine Rotte Eurer Truppen hinter diesen Vorhang (auf den hintern deutend),

Niemand darf herein! Will's Struensee erzwingen, so braucht Eure Waffen! Versteht Ihr mich? — Den Ballsaal laßt räumen! Spiel und Tanz sei vorbei, der König sei unwohl!

Köller. Also auf Befehl des Königs?

Guldberg. Vorsichtig! Der König ist furchtbar, sein Geist ist seit einigen Stunden ununterbrochen frei, und er mißtraut uns nicht viel minder als der Königin und Struensee —

Köller. Vollständige That, oder gar keine. Hört! Hier wird er eindringen wollen, wenn er die Königin hier weiß. Mein Degen soll's ihm wehren. Ueberlebt er auch dies, dann laß ich alle Lichter auslöschen und dort die Balkonthüren angelweit öffnen. Ihr, Guldberg, öffnet den Vorhang, und zeigt ihm den offnen Weg zur Freiheit. Draußen auf dem Balkon stehn im Finstern meine Leute, meines Commandos gewärtig. Ich stehe dort links im Schatten. Sowie er auf der Treppe erscheint, treten meine Leute vor, und mein Commando lautet: Feuer!

Guldberg. Das kann nur ein Landsmann! (Geht nach hinten.)

Köller. Ein Mann, der haßt! (An den Vorhang eilend und hinausblickend.)

Guldberg. Das Gericht beginnt, die Königin kommt! Fort!

Köller. Ans Werk!

Elfte Scene.

Königin — Ranzau — Gerichtsherr (im Hintergrunde bleibend) — Guldberg (sich verbeugend und Königin und Ranzau zwischen sich, und Köller, der sich ebenfalls verbeugt und nach hinten abgeht, nach dem mittlern Vordergrunde durchlassend. Guldberg spricht noch während des Nächsten einige Worte mit Köller am Ausgange, und dieser geht dann ab).

(Schnell zu sprechen und zu spielen.)

Königin (sehr rasch eintretend). Ich verstehe Euch nicht,

Graf Ranzau, Eure Bitte klingt wie Befehl, und Alles um uns her hat ein befremdlich geheimnißvolles Ansehn. — Ihr schweigt? — Was giebt's?

Ranzau. Eure Majestät mögen meine Person außer Acht lassen: ich bin ein unkundig Werkzeug der Befehle meines Königs.

Königin. Des Königs selbst? Was will der König?

Ranzau (auf Guldberg, welcher den Gerichtsherrn zum Schreiben an einen Tisch rechter Hand gewiesen, deutend). Staatsrath Guldberg allein ist mit dem Auftrage betraut, Majestät.

Königin (für sich). Weh mir, der falsche Däne! — (laut) Staatsrath Guldberg, was habt Ihr mir von des Königs Majestät zu sagen? (Man hört den taktmäßigen Schritt einer Abtheilung Soldaten, welche hinter dem Vorhange aufmarschirt. Halblaut klingt das Commandowort „Halt"! — Gewehr beim Fuß", und es schüttert das gleichmäßige Aufstoßen der Gewehrkolben. Die Königin horcht erschreckt, und Guldberg zögert, bis es vorüber, mit der Antwort.) Was bedeutet das? Eure Antwort!

Guldberg. Es sind Sicherheitsmaßregeln, Majestät.

Königin. Gegen wen?

Guldberg. Gegen Struensee.

Königin. Wer wagt es, gegen den Grafen Struensee zu verfahren?

Guldberg. Der König. — Und auf des Königs Befehl der Staatsrath Ove Guldberg. — In diesem Zusammenhange bin ich von des Königs Majestät beauftragt, einige Auskunft zu erbitten von Eurer Majestät, Frau Königin.

Königin (für sich). Allmächtiger, so weit ist es gekommen! (laut) Wenn der König durch Euch spricht, so redet, und seid eingedenk, daß jedes Wort auf Euer Haupt gesammelt wird.

Guldberg. Deß bin ich eingedenk vor der Königin Dänemarks. Der König, mein Herr, hat den bisherigen Grafen Struensee soeben zur Verantwortung gezogen und ihn schlimmen Regimentes, schlimmer Aufführung bezichtigt.

Königin. Wie ist dies möglich? Vor Minuten noch hab' ich Graf Struensee gesehen, wie er frank und frei durch die Gesellschaft schritt!

Guldberg. Diese Minuten sind die entscheidenden seines Lebens geworden. Während ihrer hat er vor dem Könige gestanden, vor seinem Richter!

Königin. O Gott!

Guldberg. Seine politische Macht ist in diesem Gerichte zu Grunde gegangen. Aber es handelte sich nicht blos um diese —

Königin. Sondern —?

Guldberg. Sondern um Freiheit und Leben!

Königin. Weshalb?

Guldberg. Königin! Struensee hat ein zu weiches, zu enthusiastisches Herz für einen Staatsmann. Dies hat seine Macht gestürzt, vielleicht aber Freiheit und Leben ihm gerettet. Seine kindliche Offenheit hat den König gerührt; von Euch, Majestät, wird es abhängen, welche Wendung sein Schicksal nehmen soll!

Königin. Von mir?

Guldberg. Von Euch! Königin! Struensee hat Dinge ausgesagt, die für der Königin von Dänemark Würde und Ehre beleidigend sind —

Königin. Das ist nicht möglich! Das kann nicht sein, denn es wäre Lüge!

Guldberg. Er hat's gesagt, bestätigt, unterschrieben.

Königin. Nein, nein! Das kann Struensee nicht gesagt haben! Struensee ist kein Lügner!

Guldberg. Dann ist er ein Lügner; denn er hat's gesagt. — Da aber Eure Majestät dem widersprechen und ihn der Lüge zeihn, so ist es anders und nun ist er verloren.

Königin. Was?

Guldberg. Jene leichtsinnigen Aussagen konnte ihm der König vergeben, besonders da der König sein rasches, übertreibendes Herz kennt und immer lieb gehabt. Jetzt aber, da die Königin jene Aussagen Lügen straft, jetzt ist

Fünfter Act, elfte Scene.

er offenkundiger Verleumder der Königin von Dänemark, und anzuklagen auf Beleidigung der Majestät. — Schreibt's nieder, Vorsitzer des höchsten Gerichts!

Königin. Gerechter Gott! — Wartet! — Was steht auf solche Anklage vor dem höchsten Gericht?

Guldberg. Es steht darauf der Tod durch Henkershand!

Königin. Allmächtiger! — Welch ein Wirrsal! — (Pause.) Wie kann ich ihn retten, Ranzau!

Ranzau (die Achseln zuckend). Ich bin nicht eingeweiht!

Königin. Guldberg!

Guldberg. Die Wahrheit hilft vor Gott und Menschen!

Königin. Wie Viel ist hier Wahrheit! — Und wenn ich sage, daß es nicht Verleumbung gewesen, was er ausgesagt von mir — rettet ihn dies?

Guldberg (macht eine zustimmende Bewegung).

Königin. Nun? Sprecht!

Guldberg. Wenn Ew. Majestät dies schriftlich bestätigen wollen — (zum Gerichtsherrn) schreibt's in zwei Zeilen nieder!

(Kurze Pause.)

Königin. Was ist ein erlogner Makel an meiner Ehre gegen ein Menschenleben! Gebt her! (Eilt hin und nimmt die dargereichte Feder; in diesem Augenblicke reißt die Musik, welche rechts aus dem Saale von Zeit zu Zeit wieder vernommen worden ist, grell ab, und man hört großen Lärm.) Was ist das?

Guldberg. Um die Maßregeln gegen Struensee ungestört zu betreiben, läßt der König das Fest aufheben und das Schloß räumen!

Königin. Welch furchtbar eilig Gericht — Es sei! — (Sie fängt an zu schreiben.) Nein! — Ihr seht so gierig drauf! Ihr legt mir Schlingen! — Ihr betrügt und belügt mich! — Struensee hat mich nicht angeklagt, ich kenne ihn!

Gulbberg. Euch angeklagt! Das sollt' er wagen! Sich hat er angeklagt, und beim Danebrog=Panier, es soll ihm blutige Frucht tragen, wenn Ihr ihm nicht helfen könnt!

Königin. Ich also kann ihm helfen! So sei es denn! (Sie unterschreibt — und bleibt dann starr und unbeweglich im Sessel sitzen.)

Gulbberg (leise). Jetzt sind sie beide verloren! (Er geht rasch hin, nimmt das Blatt, geht an die Thür zum Könige, winkt dem Gerichtsherrn, übergiebt es diesem, schlägt den Vorhang ein wenig zurück, winkt nach innen den Trabanten, und läßt den Gerichtsherrn eintreten, leise zu ihm sagend:) Zum Könige! (dann geht er im Vordergrunde quer über die Bühne zu Ranzau.)

Ranzau (leise). Könnt Ihr's verantworten vor Gott?

Gulbberg (ebenso). Vor meinem Vaterlande kann ich es; es spricht für mich vor Gott. — Ihr haftet für die Königin, Graf Ranzau, wie für eine Staatsgefangene.

(Man hört schon während dieser Worte heftige Tritte, Stimmenlärm und darunter Struensees Ruf: Gebt Raum und öffnet die Pforte! Unmittelbar darauf Köllers Stimme: Fällt das Gewehr! Stimmengewirr.)

Königin (aus ihrer Erstarrung auffahrend). Das ist Struen=see! — Hierher! — Du hast gelogen, Gulbberg, er ist frei!

Gulbberg (rasch nach hinten gehend, um ihr nöthigenfalls den Weg zu vertreten). Frei wie das Wild, in dessen Leib des Jägers Kugel fliegt. (Man hört Schwerter klirren und den Fall eines Körpers.)

Ranzau. Faßt Euch, Majestät! Bleibt Königin auch in der Ohnmacht! (Er streckt ihr die Hand entgegen.)

Königin (die Hand einen Augenblick ergreifend). Ich dank' Euch, Ranzau! Diese Mahnung ist ein Trost. Hinweg über Lug und Trug, und Fassung im Untergange!

Zwölfte Scene.

Struensee (stürzt herein mit blankem Schwert; hinter ihm Köller ebenfalls mit blankem Schwert) — die Vorigen.

(Sehr schnell.)

Struensee. Königin Mathilde, Ihr seid unter Verräthern! (Er tritt vor Guldberg rechts seitwärts, um auch gegen den nachbringenden Köller Front zu machen.)

Guldberg (der ebenfalls das Schwert gegen ihn gezogen). Hochverräther! Du bist vogelfrei!

Köller. Und nicht zum zweiten Mal wird Dich mein Schwert verfehlen! (Gruppe: links vorn die Königin, zu ihrer Rechten Ranzau; rechts von diesem mehr nach der Mitte Guldberg; rechts von diesem mehr nach hinten Köller; ganz rechts, einen Schritt links der Linie, auf welcher Guldberg steht, Struensee.)

Ranzau. Im Namen des Königs, keine Gewaltthat in der königlichen Burg!

Guldberg. Des Königs Auge ist abgewendet für immerdar von diesem Manne — das Zeugniß tödtlicher Schuld ist in des Königs Händen! (leise zu Köller) Ans Werk! Hier darf es nicht geschehn. (Köller ab.)

Struensee. Königin Mathilde, was ist geschehn! Was habt Ihr gezeugt gegen mich —

Königin. Das Entsetzlichste, Struensee!

Struensee. Mathilde!

Königin. Vergebt! Vergebt! Nicht mir! Der Tücke dieses Mannes vergebt. Ich ward getäuscht und glaubte Euch zu retten.

Struensee. Guldberg!

Königin. Ove Guldberg!

Struensee (das Schwert in beide Hände nehmend). So sprich zu Deinem Gott; denn mit mir mußt Du sterben!

Königin. Struensee, halt ein! Laß uns in Größe untergehn! (Reicht ihm die Hand.)

Struensee (ihr zu Füßen stürzend und die Hand küssend). Meine königliche Herrin!

Königin. Guldberg, Euer Auge such' ich! — Des Herzens Reiz hat man in Niedrigkeit verkehrt, und weil ich stolz war, werd' ich tief gebeugt. Eine Königin habt Ihr gestürzt, macht Andre dafür glücklich — öffnet diesem Manne, der mir werth ist, die Pforte!

Guldberg. Das wird geschehn!

Königin. Ich danke Euch!

Struensee (aufspringend). Ihm Dank?

Königin. Den Willen Sterbender erfüllt man sonst, und ich geh' aus dem Leben — vergebt ihm, Struensee — Und jetzt das Lebewohl gewiß für dieses ganze Leben! Nie sieht das Auge mehr das andre wieder, oh, weh uns, der süße Traum des stillen Glücks ist aus für immerdar — (leise) Vergieb das Unglück, eine Königin geliebt zu haben, und Gott behüte Dein Haupt! (Sie reicht Ranzau die Hand, und geht nach ihren Zimmern; Struensee steht unbeweglich, ihr nachblickend.)

Guldberg (eilt ihr voraus, öffnet den Vorhang und ruft mit gedämpfter Stimme hinein). Platz für die Königin! (Königin und Ranzau ab.)

Dreizehnte Scene.

Guldberg — Struensee.

Guldberg (geht nach dem Vorhang, blickt hinaus, und da Alles finster ist, zieht er ihn auf; dann — immer noch mit blankem Degen — kommt er nach vorn). Die Pforte steht Euch offen!

Struensee (grimmig). Des Todes Pforte für Dich und mich durch diese Schwerter.

Guldberg. Versucht's!

(Pause.)

Struensee. Nein! — Ihr Wille geschehe! — Wer Freiheit bringen will, der muß vergeben können! (Er wirft weithin sein Schwert von sich.) Der muß entsagen können. Ich will es können! — Leb' wohl, du Königshaus, Haus meiner schönsten Träume! Die Täuschungen sind all zu Ende! — Es wird (mit einer kreisförmigen Bewegung nach oben) regiert! Und unser Regiment ist nur Atom in tausendfachem Ganzen. Ein bürgerlich Atom war ich, allein, grausam allein, ich bin zermalmt! Mein Vaterland ließ mich den Feinden — mög' es dies nie bereun! (Er geht nach hinten; als er in der Nähe des Vorhangs ist, hört man aus dem Zimmer des Königs der Gräfin Stimme:) Struensee! Struensee! (Er bleibt stehn.)

Guldberg. Verrätherisch Weib! (Ab in das Zimmer des Königs.)

Vierzehnte Scene.

Struensee (allein). Dort abwärts liegt mein Ziel in Nacht und Nichtigkeit! (Er schreitet die Stufen hinauf; als er drei Stufen zurückgelegt, erscheinen geräuschlos an der offnen Thür und den geöffneten Fenstern die Soldaten, und schlagen auf ihn an. Er stutzt einen Augenblick. Köller, links an der Seite stehend, ruft:) Feuer! (Drei bis sechs Schüsse fallen mit einem Male auf ihn. Er stürzt aufrecht bleibend die Stufen zurück und taumelt in den Vordergrund, mit den Worten:) Mein Lohn! (zusammenstürzend.)

Fünfzehnte und letzte Scene.

Gallen (den Uebrigen voraus) — König — Guldberg — Lorenz (aus des Königs Thür) — Köller (oben an der Balkonthüre).

Gallen. Friedrich! (schreiend und sich über ihn stürzend.)
König (zu ihnen tretend). Segne ihn, Priester; denn er starb am Throne, er war ein edles Menschenbild, und ich hab' ihn geliebt.

(Der Vorhang fällt.)

Schluß.

www.ingramcontent.com/pod-product-compliance
Lightning Source LLC
Chambersburg PA
CBHW020936230426
43666CB00008B/1701